THE CONSCIOUS CLOSET

THE REVOLUTIONARY GUIDE TO LOOKING GOOD WHILE DOING GOOD

シンプルなクローゼットが地球を救う

ファッション革命実践ガイド

エリザベス・L・クライン

ELIZABETH L. CLINE

加藤輝美（訳）

TERUMI KATO

春秋社

ふたりの祖母
マーガレットとルースに

シンプルなクローゼットが地球を救う　目次

凡例

・本書は Elizabeth L. Cline, *"The Conscious Closet: The Revolutionary Guide to Looking Good While Doing Good"* の抄訳である。原書は二九章からなるが、抄訳に伴い、章番号および原注番号を変更した。また、本文に挿入されているコラム、著者による識者インタビューなどは割愛した。

・参考資料および原注リストは割愛し、https://www.shunjusha.co.jp の本書紹介部で閲覧できるようにした。本文中の原注番号はサイトに掲載されている原注番号と対応している。

・訳注で補足した日本円表示は、翻訳時点のレートに基づく概算である。

・原注はアラビア数字で示す。

・訳注は〔 〕で示す。

・原書に登場する衣料・リユース産業の組織名、事業、ファッション関連アプリの名称などの情報は、執筆当時のものである。日本では一般的でないものも含まれているが、読者が個々のニーズにあった類似のサービスを国内で探す際のヒントとなるようあえて訳出した。

・アパレルブランドなどの名称は、日本のマーケットで広く周知されている記載を原則踏襲したが、必要と思われる場合は適宜カタカナ表記も付した。

シンプルなクローゼットが地球を救う——ファッション革命実践ガイド

ほんの少しずつだけれど
私は世界を変えていく。
――レディ・ガガ

はじめに

もしも世界を変えたいと思うなら、まずは自分の身につけている服と靴から変えていくべき。これは決して誇張でもなんでもなく、私は心の底からそう信じている。例えばこんな事実がある。アパレル業界は世界経済の三パーセントを担う二・五兆ドル〔約二五〇兆円〕規模の産業であり、全世界でじつに数億人もの、おもに若い女性がそこで仕事を得ている。[1]

服は私たちにとってもっとも個人的なものであり、世界共通だれもが必ず持っている財産でもある。これを読んでいるあなただって、ほぼ間違いなく服を着ているはず。

ところが現在の服飾産業は、理想の姿からはほど遠い。本来なら服飾産業はもっと人にパワーと幸せを与えるような、革新的な業界であるべきなのに。それどころか今や世界で最も多くの二酸化炭素を吐き出し、水を汚染し、有毒化学物質を使用するブラック産業だ。二酸化炭素排出量全体の八パーセントがファッション産業から排出され、[2]海に蓄積するマイクロプラスチック〔おもに海洋汚染の源となる微小なプラスチック粒子〕汚染の三分の一が私たちの着るものから溶けだしている。[3]アメリカでは二分ごとにゴミ収集車一台分の不要になった衣類が埋め立て地に捨てられる。[4]そしてこのファッション産業では、一部の有名人のみが夢のような富と名声を享受し、食べていけるだけの生活賃金を稼ぐことができる縫製労働者は、どこの国でもほんの一握りしかいないのだ。

しかし次第にたくさんの人たちが、衣類が社会と環境に及ぼすよくない影響に気づき始め、その流れに加担したくないと感じるようになってきた。誰だって朝、服を着た瞬間に罪悪感に襲われるなんてまっぴらだ。よい気分で服を着て一日を始めたいはずだ。

自分自身経験してみて思うに、より地球にやさしく、かつ整ったクローゼットをつくりあげるには多少の努力が必要だ。だがやる価値がある挑戦というのは、たいていそういうもの。といってものすごく難しいわけではなく、おしゃれができなくなるとか、お金がかかるということもない。誰でも、もちろんこれを読んでいるあなたも、美しく整ったクローゼットを気軽に手に入れることができる。さらには、果てしなく続くファストファッション中毒の呪縛から解放され、かしこい買い物をする判断力を取り戻し、本当に自分に合ったスタイルを発見することもできる。ひいてはそれがお金の節約にもなる。まさに世界がガラッと変わり、あなたの生き方も大きく変わるはず。

なぜそんなことが言えるかって？　実際に私自身がそんな体験をしたからだ。

八年前、処女作『ファストファッション――クローゼットの中の憂鬱』〔春秋社、二〇一四〕の執筆を始め、バングラデシュや中国のスウェットショップ〔低賃金・劣悪な労働環境によって成り立つ下請け衣類製造工場〕を調査するために世界を飛び回っていたころ、私のクローゼットは、たいして愛着もないどうでもいいような服であふれかえっていた。リサイクルに目覚め、オーガニック・フードを買い、使い捨てでないエコバッグを使おうと意識するようにはなっていたのに、自分のクローゼットの中にひそむ恐ろしい環境危機問題には目をつぶっていたのだ。そのころの私は、三八五着もの衣類を持ちながら、自分の着るものにまったく自信がなく、何を着ても全然幸せを感じられなかった。それこそ悲しい悪循環にはまりこみ、そこからぬけ出そうともがいていたのだ。

『ファストファッション』は、近年ますます増加し続けるファッションの消費量と、気候変動や環境汚染・劣悪な労働条件といった危機的な問題を結びつけた最初の著作だったと思う。あの時私を執筆に駆りたてていたのは、彗星のように現れたいわゆる「ファストファッション」の大流行だ。ファストファッションの登場によって衣類の製造と消費さらに廃棄のサイクルは爆発的に加速したが、その結果環境は悪化し、労働者は貧困の輪の中に閉じこめられてしまった。本が出版された後、数え切れない人たちが自分の価値観をファッションに反映させるにはどうすればいいかと私に聞いてきた。「どうやって買い物して、何を着ればいいの？」だがじつのところ、私自身がまさに同じ疑問にとらわれていたのだ。

そこでクローゼットを整えようと思い立ったはいいものの、最初は試行錯誤の連続だった。レインボー・カラーのエコシューズを買い、手作りでラベンダー色のメッシュのタンクトップを縫ってはみたのだがあまりにも下手くそで、通っていた「やさしい手芸教室」から追いだされそうなレベル。ついに『ファストファッション』を出版した年のある冬の夜、業界をリードするファッションエキスパートがつどう集まりで、私は立ちあがって叫んでしまった。「どなたか教えて、お願いです！　私いったい何を着たらいいの？」

それでもここ数年、状況はかなりよくなってきた。サステイナブルでエシカルなファッションは、みるみるうちにニッチな弱小ビジネスからワールドワイドな潮流へと姿を変えた。あらたな報告や研究が続々と現れ、ファッションが環境と社会に対して及ぼす影響を正確に予見し、私たちが個人レベル・社会レベル、またファッション産業全体レベルで変化を起こしていく方法を具体的に示してくれた。そういった研究は私のクローゼットを整える大きな助けとなってくれた。新たなブランドや販売会社・ビジネスモデルが登場し（これについても後述する）、地球にも人にもやさしいファッションはより身近なものになってきている。私たちはすでに世界を大きく変えつつあるファッション製造・販売・消費のまったく新しい局面に立ち会っているのだ。そしてこの流れはとどまるところを知らない。

そうして手に入れた自分なりの地球と人にやさしいファッション哲学を本にまとめてみようと思ったが、そこに至るまでに、人生を変えるようなできごとを三度経験した。一度目は『ファストファッション』のプロモーションのために、世界中の学校やコミュニティを飛び回っていたときのこと。イタリアのミラノからワシントン州のワラワラに至るまで、さまざまな場所で自分の研究成果の話をしたが、そこであらゆる人たちとファッションに関してたくさんの会話を交わし、たくさんの質問を受けた。よく聞かれたのは次のような質問だ。

「私の服がスウェットショップで作られたものかどうか知るには、どうすればいい？」

「自分の服が品質のよいものかどうか、判断する方法は？」

「ポリエステルとコットン、地球にやさしくないのはどっち？」

「エシカルなファッションってお金がかかりますよね？」

「○○や△△のブランドでエシカルな服を買うことはできる？」

こういった会話から、みんなサステイナブルでエシカルな消費に関心を持っていて、もっと実用的な知識を欲しがっているという印象を強く受けた。たくさんの人たちが、責任を持って衣類を消費するための情報を探しているだけでなく、かしこく消費する方法を知りたいと考えているのだ。ファストファッションのせいで、私たちの衣類にまつわる常識的な知識と関心はどこかへ消し飛んでしまった。よいものを見分ける方法・高品質のものを求める意識から、お気に入りのジーンズのほころびを修繕する方法に至るまで、今や衣類に対する知識や敬意はないに等しい。私はそういった時代を超えて受け継がれてきた技術をもう一度復活させたいと思った。クローゼットを整えるために正しい選択をすることと、衣類の寿命を伸ばすために手をつくすことは、サステイナブルな行為であるだけでな

ウェアラブルコレクションズで服を仕分けする著者

く、日常生活において私たちの心を満たしてくれる最もみのりある趣味にもなりうるのだ。

本書執筆のきっかけとなった二度目のできごとは、古着の山を掘り返す経験をしたことである。ここ三年の間、私はウェアラブルコレクションズというニューヨークに本社を置くファッションリユース／リサイクルの会社と仕事をしてきた。年間二〇〇万ポンド〔約九〇〇トン〕以上の中古衣類と靴を集めるこの会社を率いるのはアダム・バルコウィッツ。リユースに情熱を傾ける、自由な考え方を持った人物だ。彼と出会った私は、集められた古着のほんの一部（とはいえ週一〇〇〇ポンド〔約四五四キロ〕にもなる）の山をよりわけながら、ニューヨークの古着のトレンドを学び、私たちの使い捨てファッション文化を解決する方法を探し始めた。結果その一つの方法として小さなリセール事業を立ち上げ、さらに二〇一六年には、私たちの捨てた中古衣料が行き着く先をはるばるケニアのナイロビまで自分の目で確かめに行くことにもなった。

ニューヨーカーは捨てるゴミさえゼイタクなはず、とみんな思うかもしれない。かくいう私もそう思っていた。しかしほんのわずかなデザイナーズブランドのハンドバッグやガウンの背後にあるのは、見るもおぞましい状態の古着の山だ。犬の毛だらけのジャケット、とんでもなく膨大な量のＴシャツ、ヘンな柄のクリスマスセーター、流行りを過ぎたドレスやブラウス、値札が付いたままのバーゲン品、さらには汚れた靴下や下着まで。私がそこで目にしたのは、信じがたく耐えがたい、エコの対極にある悲惨な消費の実態だった。そうして人々の衣類の買い方・扱い方・捨て方を目の当たりにすることにより、自分たちのどこが間違っているのか、どうすればそれを正していけるのかを学んだ。ウェアラブルコレクションズや中古衣料産業で働いた経験は、ファストファッションと闘い続けるための信念を私に与えてくれただけでなく、衣類の品質を見きわめ職人技や修理・補修を理解する本物の知識を与えてくれた。そういった技術にも本書では多くのページを割いた。

最後に、本書を書くもっとも大きなきっかけとなった三度目のできごと。それはファストファッションの衝動買いを繰り返していた過去の私から、かしこく衣類を買うことができるようになった今の私への変身だ。最初、何も考えずにポンポン服を買い漁る習慣をやめたらどうなる？　と想像した時、私の頭には悲しい予想しか浮かんでこなかった。もうショッピングバッグがパンパンになるまで新しい服を放りこんだり、半額セールにワクワクしたり、「今すぐ購入」ボタンを思いのままにクリックしたりする楽しみとはさよならしなくちゃならないのよね、と。だが自分の心に正直になって考えてみると、かつてのそういう買い物の仕方で、本当に心から満足できるクローゼットをつくりあげることができていただろうか？　という疑念がわきあがった。いや、全くその逆だ。自分のファッションチョイスの傾向に目を向け、いま着ているものの背景にある物語を深く知ったとき、私は本当に生まれて初めて、心の底から愛着を持てる服の数々を手にすることができたのだ！　さらに注意深く意識して選ぶことで得られたのは、満足感だけではない。なんとセンスも格段によくなった。そう、本当の意味でかしこいファッションとは、地球や人間にやさしいだけでなく、自分の着ているものを本当に心の底から愛し、幸せを感じながら服を着るということなのである。私の学んだこの知識を、何とかしてたくさんの人に知ってもらいたい――そういう思いから本書は生まれた。

それで結局、クローゼットを整えるにはどうすればいいの？　自分の着る物がどこから来て何で作られているかを知り、それをしっかり意識しながらワードローブを組みたてればいい。本書を読めば、あなたのクローゼットは生まれ変わり、今よりもっとエシカルでサステイナブルな洋服の選択が簡単にできるようになる。たとえばあなたが地球にやさしい素材やブランドを探しているなら、あるいは品質のよいものを買いたいとかエコな洗濯方法を知りたいとかもう着なくなった服をどうすれば一番効率的にリユースできるのか知りたいと考えているなら、本書はそのすべてに答えを出せる手引きの書となる。これを読んだあなたは、自分の着ているものを通して幸せになり、スタイリッシュになり、さらによい行いをすることもできるのだ。

また最後の章では、ファッション革命に多くのページを割いた。実際、地球にも人にもやさしいファッションとは買って手に入れられるモノではない。それはものの見方であり、行動であり、生き方だ。そしてその生き方を高らかに宣言し、行動を呼びかけることなのだ。ファッションの計り知れないパワーを使って、ファッションそのものを変えていこう。いつか世界を変えることになると信じて！

この本を活用するために

本書にはどんなライフスタイルで暮らす人にも、どんな個性を持った人にも役立つ手がかりがたくさん詰まっている。なぜそんなことができるのか。答えはいたって簡単。「服は人なり」だからだ。私たちが自分の服装に対して抱く考え方や欲求はまさに千差万別。年齢、職業、収入、趣味、地域性、さらには人生に対する考え方、そういうものが渾然一体となって服装に対する感覚がつくりあげられる。ファッションやトレンドが大好きな人もいれば、とりあえず生活していくのに必要だから服を着るだけ——という人もいる。でもあなたのファッションレベルがどの程度だろうと大丈夫。この本はきっとあなたの役に立つはずだ。

あなたのファッションタイプ診断

クローゼットを整えるには、まず自分が次のどのファッションタイプに属するのか考えてみることから始めよう。このファッションタイプを正しく選択することによって、あなたのこれまでのデータを最大限に活かし、消費傾向を自分のライフスタイルにより合った方向へと軌道修正していくことができる。ただし、このファッションタイプは、あくまでクローゼットを整えていく手がかりをつかむためのざっくりとした枠組みなので、あまり深く考えすぎないように。

・ミニマリストタイプ：ファッションタイプの一方の極がこのタイプ。ファッションの目的をはっきりと定め、真剣に買うものを選び、時流にあまり影響されない服装を好む。生活に余分なものは必要ないと考え、きっちりと管理された魅力的なクローゼットを備えている。

・スタイリッシュタイプ：ミニマリストタイプの正反対に位置するのがスタイリッシュタイプ（別名マキシマリストタイプ）。このタイプの人たちはファッションやトレンドが大好きで、服装によって自分自身を表現する。芸能界やファッション業界など、職業上スタイリッシュタイプであることが必要な人たちもいる。自分のクローゼットにはつねに主張の強い服が並び、しかもそれがどんどん更新されていかないと満足できない人たちだ。

・トラッドタイプ：ミニマリストとスタイリッシュの中間に位置するタイプ。スタイリッシュタイプほどファッションに夢中ではないが、ミニマリストよりは新しいものに興味を持つ。スタイリッシュでありながら応用の効くクローゼットを備え、シーズンごとに新しい服を何着か買い足していきたいと考えている。

さて、自分はどのタイプに近いと思っただろう。私自身はスタイリッシュタイプ傾向のあるトラッドタイプだ。人によっては、職場ではミニマリストタイプだがアフターファイブはスタイリッシュタイプという人もいるだろう。また時とともにタイプが変化していくこともある。誰でもたいてい若い頃はトレンドに乗りがちだが、社会人になってライフスタイルが安定してくるとファッションもトラッドになっていく。自分のファッションタイプを調整していくことはちょっとした冒険。そして新たなクローゼットの創造に乗り出す絶好のチャンスでもある。自分のライフステージに合わせて、どんどんファッションタイプを見直し、更新していこう。

クローゼットを整えるための六つのヒント

第1部～第5部に沿ってクローゼットの大そうじから始め、最終的にはベストのクローゼットを維持していくことを目指そう。さらに第6部では、もっと大きな変化に向けて一歩を踏み出す方法を学ぶ。とりあえず全体を最後まで読んでほしい。各部ごとにファッションが私たちに及ぼす影響について新しい知識を得ることができ、これから自分はどんなことができるかが明らかになっていくはず。ただそれぞれのファッションタイプによって、どの部により魅力を感じるかは違ってくるかもしれない。

第1部「さよならファストファッション！」

クローゼットを整える旅のスタート地点。ここではあまり気に入ってない服や役に立たない服を処分することにより、あなたのショッピングやファッションの癖をリセットする手助けをする。寄付したり、交換したり、リサイクルしたり、売ったりすることで、サステイナブルかつエシカルに対処していく方法を学ぶことができる。

第2部「持たない技術」

ワードローブの組み立て方を詳しく見ながら、よい服を最小限買う技術を身につける。ここで展開される戦略に最も魅力を感じるのはミニマリストタイプとトラッドタイプだろうが、品質を重視してかしこくショッピングするというヒントからは誰もがたくさんのことを得られるだろう。

第3部「持つ技術」

意識的に服を消費し、なおかつスタイリッシュに装う技術を身につける。スタイリッシュタイプの人たちにとっては、古着やレンタル服に関する章を読めば目からウロコが落ちるような体験ができるはず。そこには地球に害を与えることなくトレンドを追求しクローゼットを更新していくヒントが満載だ。さらにどんな読者も、ファッションの経済事情とクローゼットの整え方に関する章は必読。

第4部「サステイナブルなファッションへの手引き」

地球によりやさしい繊維を選び、クローゼットから有毒な化学物質を締め出し、サステイナブルなファッションの最先端を行くブランドを支援する方法を学ぶ。服の素材は環境に対して計りしれない影響を与えている。自分たちの服についてミクロ及びマクロの視点からさまざまなことを学ぶのは、どんな読者にとっても必ず役に立つだろう。

第5部「一生モノを目指す」

基本に立ち返って、自分の服を手入れする方法を学ぶ。たとえば服を劇的に長持ちさせる洗濯の仕方、簡単だけど見栄えのする補修の技術、修理やリフォームにプロの手を借りる際のアドバイスなど。

第6部「ファッション革命」

同じような考え方の人たちとつながり、ファッション業界を変えていく流れをつくりだそうとする動きについて知ろう。衣料産業における労働条件、生活賃金を手にするために人々がどう闘ってきたか、企業にどうやって説明責任を果たさせるか、といったことを学ぶと同時に、ファッション行動主義を実践している組織への参加方法も紹介する。

整ったクローゼットの中身とは

あなたのクローゼットをかしこく整える方法はいくつもある。エコロジカルなブランドを支援するのもいいし、よりサステイナブルな素材を選ぶのもいい。あるいはすでに自分が持っている服を見直したり、リフォームしたり、修理したりするのもいい。整ったクローゼットのつくり方は人によってそれぞれ違うのだ。たとえばアトランタ出身のギャビー（二六歳）はスタイリッシュタイプ。彼女のワードローブの中心にあるのは、高品質のコア・ピースで着まわしのきくコンパクトな服のコレクション。これがいわゆる「カプセルワードローブ」だ（これについては第11章で詳しく述べる）。その中でも彼女らしさをもっともよく表す服は、ヴィンテージものや古着ショップで購入されたものだ。またワードローブ組み立てアプリのcladwell（クラッドウェル）の創始者、ブレイク・スミスはミニマリスト。その応用のきく厳選されたワードローブには全部で三五のアイテムしかない。さらに私の親友であり雑誌の編集者でもあるエミリーはトラッドタイプ。仕事用のスタイリッシュなワードローブにレンタルを活用している。私自身のクローゼットの構成はつねに変わりつづけているが、基本的には品質のよいものを求め、コア・ピースはコンシャス・スーパースター（もっともサステイナブルかつエシカルなビジネス・モデルで他社の先を行くブランド）で購入し、不足分を手頃な価格の古着で埋める、という感じだ。さらに次にまとめた構成要素のリストにはないが、行動主義やコミュニティづくり、社会的変化を求めていく活動も、クローゼットを整えていく上で大きな要素となっている。この話題については第6部で詳しく述べる。これまでに整ったクローゼットを手にいれた人たちが、例外なくスタイリッシュになり幸せになるのを見てきた。だがここでいちばんおぼえておいてほしいのは、整ったクローゼットはみんなちがっていて、それでいい、ということだ。

構成要素

結果は千差万別とはいえ、よりよいクローゼットをつくりあげる構成要素は誰でもだいたい同じと言っていい。以下にクローゼットを整える基本となる要素をまとめてみた。

・常備アイテム：すでに持っている、ずっと着続けたいお気に入り。
・発掘アイテム：交換したり、人から借りたり、手作りしたり、お下がりでもらったり、リセール・サイトや古着屋やヴィンテージショップで購入したもの。
・レンタル・アイテム：レンタルサービスで借りたもの。
・上質アイテム：時代を超えて長年着られるように作られた服。
・ベター・ビッグ・ブランド：グリーンでエシカルな経営を目指すブランドやショップ。
・コンシャス・スーパースター：時代の先端を走るもっともエシカルでサステイナブルなブランド。

タイムライン

本書を最後まで読めば、あなたのものの見方や買い物の仕方、服の選び方は必ず根本から変わる。ただ、今現在のクローゼットをつくりあげるのに相当の時間がかかったのと同じように、整ったクローゼットをつくりあげるのにもそれなりの時間がかかることは確かだ。今あなたが持っているクローゼットの中にある服。その服にはあなた本来のファッション哲学はまったく反映されていない。それはそれでいいのだ。整ったクローゼットをつくりあげるための旅は、今ある服とこれから買う服をいかにうまくオーガナイズしていくかにかかっている。そのプロセスに時間がかかればかかるほど、あなたはより正しい選択ができるようになるし、生まれ変わったクローゼットは人生を変えるような力をもつ。最終的にあなたのクローゼットは、あなた自身の価値観とスタイルを正確に映し出すものとなるのだ。そう私は断言できる。いざクローゼットを整える旅へ！

第**1**部

さよなら
ファスト
ファッション！

Goodbye, Fast Fashion!

怖くて自分のクローゼットの中を
まともにのぞけない人はたくさんいる。
なぜならファッションは多くの人にとって
恐ろしいものだからだ。
——ティム・ガン

第1章　クローゼットの大そうじ

整ったクローゼット作りの旅は、大そうじから始まる。これをやらずにすませる道はない。コンシャスなクローゼットに入れておくべきなのは、自分が着てときめく服だけ。なのにこれまであなたのクローゼットは衝動買いや残念な買い物のせいで、好きでもない服や似合わない服、サイズの合わない服、どうでもいい服に乗っ取られ、暗黒空間と化していた。

以前の私のクローゼットは何百ものアイテムでパンパンだったのに、実際に着ているのはほんの一握りの服だった。毎朝クローゼットを開けて、適当に目についたトップスとボトムスをつかんで引っ張り出す、それの繰り返し。そんな生活を続けているのは私だけではなかった。みんな二〇年前の二倍は服を買っているのに、そのほとんどが着ないままゴミになる。[1] 引越し会社Movinga（ムーヴィンガ）が二〇ヶ国で行った二〇一八年の調査によると、多くの場合、持っている服の七〇パーセント以上は着られていないという。[2] クローゼットの大そうじはそういう余分な服を排除し、自分の持っている服を再構築する絶好の機会なのだ！

それはただ要らない服を捨てるだけのことではない。大そうじのアイディアのヒントは、テレビの番組からブログや本にいたるまであらゆるところにあふれかえる。だがそのほとんどは間違いだ。クローゼット整理に関して最もよく言われているアドバイスは、ハンガーにかけてある服はぜんぶ外しなさい、というものだ。ハンガーから外した服がどこへ行きつくかなどまったく考えもしない。クローゼット整理術の達人たちは、古い服はゴミ箱に捨てるよう教える。その九五パーセントはリユースやリサイクルできるのに！　これから行う地球にも人にもやさしい大そうじは、そういった整理術とはまったく違う。環境を意識し、思いやりを持って服とさよならする行為の第一歩なのだ。

大そうじの基本方針

まず空き時間を二、三時間作って、はじめにお茶でも一杯飲んで心を落ちつける。それから思い切ってクローゼットを開けよう。ベッドの下とか、いろんなところにしまいこんである着ていない服を引っ張り出すのも忘れずに。処分することに決めた服はとりあえず一つにまとめて積んでおき、あとから仕分けする。まだどれも捨てないで。着古した服のリサイクル方法はのちに説明する。どれをキープしてどれを処分するかはとてもシンプル。以下のルールに従って決めよう。

・**季節ごとに処分。**今の季節の服だけに注目する。これには理由がいくつかある。まず、今現在着ているものの方が判断を下しやすい。さらに売却・交換・寄付、どの場合でも現シーズンの服の方が価値が高い。クローゼットの大そうじには時間も労力もかかるので、判断を下す量はなるべく最小限に抑えておきたい。そうすれば処分される服たちの膨大な数に圧倒されることなく、新しい幸せな行き先を見つけてあげるチャンスがより多く生まれるはずだ。

・**好きなものはとっておく。**着て自信の持てる服、絶対に似合うと思う服はとっておこう。スウェットショップで作られたと思われるものや、あまりエコでないと思われるもの——つまり「エシカルでない」疑いのあるものもキープしておいて大丈夫。整ったクローゼットの第一歩は、まずエシカルかどうかを意識するところから始まる。大事なのは次に何を買うかであって、今持っている服にやましい感情を持つ必要はない。実際もっともサステイナブルな服とは、あなたが今すでに持っていて何度でも着たいと思える服のことなのだ。

・**値段は無視。** いくらで買ったかは考えないようにする。どんなに高かった服でも、あまり気にいらなくて着ていないとすれば、こだわっても意味がない。第5章ではそういった服を売って、使ったお金を少しでも取り戻すアイディアを提案している。

・**思い出の品は倉庫へ。** クローゼットはあなたが今現在着ている服だけを入れる聖域としよう。思い出の服は保存用のカバーをかけて倉庫にしまう。おばあちゃんのウェディングドレスや古いバンドTシャツはそうやって保管しておくのがいちばん。あるいは思い入れのあるアイテムをつねにそばに置いておきたいなら、Campus Quilt（キャンパス・キルト）や Project Repat（プロジェクト・リパット）、Too Cool（トゥー・クール）といった会社があなたのTシャツを思い出のキルトに変えてくれる。

・**いちばんよく着る服に注目。** この機会に持っている服をもう一度よく見直し、自分のスタイルに対するセンスを磨こう。お気に入りの服を認識して、なぜそれを着たくなるのか考える。色？　それともデザイン？　生地？　もっと他の理由？　これから作りなおすワードローブは、そういう幸せになる服だけで構成されたものにするのだ。

マジック・ワードローブ・ナンバー

自分の持っている服がもっとも効率的に機能し、服を着るのが義務ではなく楽しくラクな行為になる数、それがマジック・ワードローブ・ナンバー。それがいくつになるかは、人によってそれぞれ違う。さてあなたはどれくらいの服を処分できるだろう？　今着ていない服のうちの七〇パーセント？[3]私たちは服をたくさん持ちすぎているだけでなく、実際着ている服の数についても相当間違って認識している。例えばアメリカ人は、自分は持っている服の四三パーセントは着ていると思っている。だが実際に着ているのはわずか一八パーセントに過ぎない。[4]

　自分が着ている服の数を少なく見積もっているだけではない。厳選されたワードローブが持つ威力も過小評価している。完璧にコーディネートされた三一のアイテムだけで、まるまる一年間一度も同じ組み合わせを繰り返すことなく過ごすことができるとしたら？[5]　いや上手に選べば、どちらもそれぞれ着まわしのきく一〇着のトップスと一〇着のボトムスだけで、三ヶ月間毎日新たな装いを身にまとうことができるのだ。とはいえ自分のマジック・ワードローブ・ナンバーを決めるのは私ではなくあなた自身。ここで言いたいのは、服の数が増えれば増えるほど混乱が増し、逆に少なければ少ないほどクローゼットは長持ちするということだ。

　ではあなたのマジック・ワードローブ・ナンバーはどうやって決める？　それはあなたのファッションタイプによる。ミニマリストタイプならたいてい五〇アイテム以下だし、スタイリッシュタイプだと二五〇アイテム以上を持つ人もいる。その数はあなたのライフスタイルや仕事の内容、働き方によって決まる。だがスタイリッシュタイプの人でも実際に来ていない服はたくさんあるはず。ワードローブの内容をより厳選し、レンタルやリセールに目を向けてクローゼットをシェイプアップすることは必ずできる（それについては第2部と第3部参照）。トラッドタイプの私の場合、三五四アイテムから一五五アイテムへと半数以上をカットした。それでもまだかなりの数だが、これだけあれば新しい組み合わせを考えることによって新品を買いたくなる気持ちを抑えることができるし、かしこくオーガナイズすることでほとんどのアイテムを年間を通して着ることができる。クローゼットのかしこい活用術については、第2部でくわしく説明する。

手放すべきアイテム

さて、クローゼットをサイズダウンする心の準備は整ったはず。次にすべきことは、何を手放すかの決断だ。もちろん着古して傷んでしまったものや、一〇年も着ていない服など、一目でサヨナラした方がいいとわかるアイテムもある。だがもう少し判断が難しいものについては、持っている服全体を考えたときに、それが収まるべき場所があるかどうかを基準にするといい。クローゼットのサイズダウンを実行する前に、第11章のワードローブ組み立て術をよく読んでおくことをおすすめする。まず雑草を抜いてしまえば、元にあるあなたの個性が現れ、それが機能的なワードローブを作る土台になるのだ。雑草退治のポイントは次のとおり。

・**バランスを重視する。** 理想的なワードローブとはトップスとボトムスのバランス、さらに色と形とスタイルのバランスがとれているものをいう。このことについては第11章でくわしく述べる。大そうじ前の私のクローゼットには、半袖トップスは六一着あったがパンツは二着だけ。トップスを大幅に削り、パンツはキープすべきなのは誰の目にも明らかだ。たくさんありすぎるアイテムは削って、バランスのとれたクローゼットを目指そう。

・**合わせようのないアイテムは処分。** 色やスタイルがユニークすぎて他の手持ちの服とどうにも合わせようがなく、着まわしがきかないアイテムは処分しよう。それでもこれは大好きで捨てられないというアイテムがある場合は、コーディネートに必要なものをメモしておく。これに合うパンツが必要！　とか、この色の靴を買う！　など。

・**流行りものは持ちすぎない。** 流行りもの（特に着まわしがきかないアイテム）の数はなるべく少なくし、自分のスタイルに合ったもの、他のアイテムとも合わせやすいものだけをキープする。スタイリッシュタイプの人は流行りものを多めに持ちたいと思うだろうが、もう着なくなった流行りものはさっさと売ってしまおう。古着の売却については第5章参照。

・**くたびれた下着は廃棄。** 着古してヨレヨレになった下着や靴下類は、何となくいつまでも引き出しに入ったまま場所を取っている。そういうものは処分して、状態のよいものだけをキープしよう。また今後タンクトップ、レギンス、タイツ、ベーシックなTシャツといった基本アイテムは必要以上に買わないようにする。実際そんなに数は必要ない。リセールに出すような価値もないし、消耗するのも早い。余分な下着類を処分して空いたスペースは、もっと生きた服の収納に活用しよう。

・**着ない服から学ぶ。** 買って一度も着ていない服をよく見てみよう。何か気に入らない理由が必ずあるはず。袖がふくらみすぎているとか、柄が奇抜すぎるとか、あまりに色が派手すぎるとか。そういった着ない理由をメモして、今後よりかしこい買い物をするためのヒントとして活用しよう。

・**粗悪な素材やつくりのブランドは排除。** それほど着ていないのに傷んでしまったように見えるアイテムは処分した方がいいが、その前にどのブランドでどんな素材のものか確認しておく。これをやり始めてから、低価格ブランドやファストファッションブランドの服を買うのが本当にイヤになった。すぐに毛玉のできるセーター、色あせる服、二・三ヶ月で壊れる靴やアクセサリーはもう結構。同時に、着て心地よく心豊かになれる生地は何か、長く着たあとでも素敵に見える服のブランドはどれか、しっかりチェックしておこう。

今着ていない服にもチャンスを

先ほど私は持っている服を思い切ってカットしようと言った。だが可能性のある服には再度チャンスを与えることも同じくらい大切だ。クローゼットのエコ化には、今持っている服をなるべく長く着ることがもっとも効果的なのだ。手持ちの服の有効活用を考えることは地球にやさしいだけでなく、買った服・組み立てたワードローブからつねに幸せと満足を得つづけるための大きなカギとなる。処分品の山から救い出すべきアイテムは次のとおり。

・**迷ったら残す。**捨てようか残そうか決めかねる場合はキープ！「どんな服にも二度目、三度目のチャンスをあげるべき」とDream Organization[6]（ドリーム・オーガニゼーション）を率いるニューヨーク在住のアンドレア・モンターリは言う。今迷っているアイテムも、ちょっと手をかければワードローブの主役になれるかも。クローゼットのいちばん前にかけて、それに合うアイテムを探すことを当面の目標にし、一ヶ月以内に着てみるようにする。

・**補欠の服。**さんざん着たおして最近出番がないものの、もう着ないと決めてしまうのは惜しい服がある。こういう服もクローゼットの前の方にかけて、なるべく着るように心がける。質のよいレザージャケットやクラシックなウールのピーコートといった定番アイテムなら、倉庫に入れてしばらく休ませるのもいい。逆に流行りもののアイテムなら、売ることを考えよう。

・**修理可能な服。**わずかなダメージで処分してしまうのはもったいない。直せるものはできる限り直そう。穴のあいたジーンズにはつぎ当てし、とれかけたボタンはつけ直し、セーターの毛玉は取り除く。プロに修理を頼んでもいい（修理については第5部「一生モノを目指す」で詳しく述べる）。修理も無理なほど色あせたり傷んだりしたものは処分してかまわないが、洗濯や保存がきちんとできていたか考えてみよう。正しくサステイナブルな洗濯の技術については、第22章参照。

・サイズが合わなくなった服。 気に入っているがサイズが合わなくなった服については、地元のテーラーにお直しを頼もう。たとえばウェストバンドを取り外したり、裾を短くしたり、パンツの幅を絞ったりしてみる。将来の体重の増減を目指して、お気に入りの服をキープしておいてもいい。私たちの身体はつねに変化していくものだし、体型が変わるごとに新しい服を買いそろえるのはお金もかかり無駄になる。だが現実を見ることも忘れずに。もう体型が元に戻らないとわかったら、着られない服は手放そう。

クローゼット・リスト

クローゼットをチェックする際には、服の在庫管理リストを作ろう。これによって自分の買い物の履歴を分析でき、整ったクローゼットを目指す旅における現在の到達点がわかる。在庫リストを作るには、まず靴下と下着を除くすべてのアイテムを数え、着ているものと着ていないものの割合を計算する。ざっくりとでOK。この情報は第2部で述べるファッション・ダイエットや、第17章のファッションの経済事情を考える際に役に立つはず。次に服の内側についているラベルを一〇着から二〇着分ほど見て（キープする服と処分する服の両方を見ること）、作られた国と素材を書き出す。最後に、自分のファッションにおける環境および社会問題に対する意識を1から10までの数字で評価する。あまり深刻になる必要はないし、罪の意識にとらわれる必要もない。次に載せたのは私のファッション・リストの大そうじ前後の比較だ。私がどれだけの成果を上げたか見てほしい。本書を読み進めるうちにあなたの意識も確実に上がっていく。また意識が上がっていくにつれて、自分の服をより深く愛し、より深いつながりを感じるようになっていくはずだ。

エリザベスのクローゼット・リスト

ファストファッション中心のクローゼット・リスト（二〇一一年）

アイテム数：三五四

着ている服の割合：一四パーセント

地球と人にやさしいアイテム：お下がり、ヴィンテージ、古着。あとはトラッドなアイテム。

素材：アクリル、ポリエステル、レーヨン、合成と天然の混合素材。

生産地：バングラデシュ、ベトナム、中国、トルコ、韓国、香港。ヴィンテージで一つだけ「メイド・イン・USA」。

ファッションにおける環境問題の知識（1から10で評価）：1

ファッションにおける社会問題の知識（1から10で評価）：5

整ったクローゼット・リスト（二〇一九年）

アイテム数：一五五

着ている服の割合：八五パーセント

地球と人にやさしいアイテム：お下がり、手作り、古着、レンタル、上質ブランド、コンシャス・スーパースター、ベター・ビッグ・ブランド。

素材：コットン、ポリエステル、レーヨン、オーガニックシルク、オーガニックコットン、テンセル、再生コットン、再生ナイロン、再生PET、レザーとスウェード、リネン、シルク、メリノウール、カシミア。

生産地：アメリカ、イタリア、中国、ベトナム、パキスタン、インド、バングラデシュ、ドミニカ共和国、ベトナム、スリランカ、香港。

ファッションにおける環境問題の知識（1から10で評価）：9
ファッションにおける社会問題の知識（1から10で評価）：8

これでクローゼットの大そうじ、第一段階は完了。あなたのクローゼットは前よりだいぶスッキリしてバランスが取れ、この先ずっと着続けたいアイテムだけが残っている。手元にはハンガーがひと山と、新たな地球と人にやさしいファッションのためのスペースさえ出現しているかも！　前より少しでも軽やかで自由な気分になっているだろうか。私自身、この大そうじの後、何年かぶりにクローゼットの床を確認することができて気分がよかった。さて今度は、今あなたの目の前にある処分品の山を、どうやってなるべく早くしかも地球にも人にもやさしい方法で片付けるかだ。ここから数章をさいて、服のリユース・プランを確立する方法をくわしく説明する。それがわかれば、処分する衣類の数々をよりふさわしい場所へ送り出すことができる。そして本書を通して読めば必ず、以前のカオスなクローゼットに逆戻りするようなリバウンドを決して起こさないあなたになれる。

第2章　ファッション・リユース・プラン

クローゼットの大そうじを終えて、新たなクローゼット作りへの第一歩を踏み出したあなた。大そうじでさっぱりとしたあとは、地元のチャリティーショップやリサイクルショップへ繰り出して、古着がご近所のおしゃれ好きやバーゲン好きな人のクローゼットで新たな生命を吹き込まれるのを見届けたい、と思っているかもしれない。私たちは長いこと、古着をリサイクルに出すのは道徳的だしエコなことだと教わってきた。だが今やクローゼットから処分された古着が地元の人の手に渡ることはほとんどない。古着には私たちが想像するような明確な利益などないに等しいのだ。

ほとんどの消費者は大量の服を買うが、それを着るのはほんの短い間だけ。結果とんでもない量の古着が生まれる。ゴミとして捨てられる服の割合は増え続けるばかり。アメリカ全体で毎年二三八億ポンド〔約一〇八〇万トン〕もの衣類と靴がゴミとして捨てられる。一人当たりに直すと七三ポンド[1]〔約三三キロ〕だ。チャリティーショップやリサイクルショップへの衣類の寄付も爆発的に増えている。一年間だけでニューヨーク／ニュージャージー・エリアのGoodwills（グッドウィルズ）が集めた衣類は八五七〇万ポンド〔約三万九〇〇〇トン〕にのぼる。Tシャツ二億枚分の重さだ。[2]アメリカ発祥の営利目的のリサイクルチェーン店Savers（セイバーズ）の二〇一七年度年次報告書によると、年間二億六五〇〇万着のトップスと四〇〇〇万足の靴が寄付され処理されるという。[3]

世界中で恐ろしいほどの量の古着が出回っているのだ。それがすべて地元のチャリティーショップやリサイクルショップに買われていくとは到底思えないし、実際そんなことはありえない。古着商の

ニュージャージーの仕分け・輸出施設に積み重なる古着。アメリカ国内で寄付された古着のほとんどがこのような施設へと売られてくる

事業者団体であるＳＭＡＲＴによれば、リサイクルショップに寄付された衣類のうち実際に店で販売されるのは平均二〇から二五パーセント。[4]では残りの八〇パーセントは実際どこへ行くのか？ショップではそれをまとめて一ポンドいくらで古着業者に売り、業者は巨大な倉庫でそれを仕分けして、流行やきれいさや使用の度合いによってその運命を決める。大半は海外へと輸出されていく。

アメリカから輸出される中古衣料はこの一五年間で、年間五億三七〇〇万ポンド〔約二四万トン〕から一七億ポンド〔約七七万トン〕へと三倍以上に増加した。[5]目に見える量でいうと、平均的な女性用のスキニージーンズ一本が約一ポンド〔約四五〇グラム〕。毎年アメリカ人は、中国とアメリカ両国の人口を合わせた数の人たちが履いても、まだ余るほどのジーンズと同じ重さの中古衣料を輸出していることになる。現在アメリカは、年間四〇億ドル〔約四〇〇〇億円〕近くを輸出する、世界でダントツ一位の不要衣料輸出大国なのだ。

では輸出された中古衣料は、現地で再利用されるのだろうか？　昔はそうだった。だが今はそれも急速に変わりつつある。外国は今や私たちが思っているような中古衣料の理想的な行き先ではない。古着は世界中のさまざまな場所に運ばれていくが、まだ着られる服の大部分はサハラ以南のアフリカに行き着く。オックスファム〔イギリス発の貧困解消を目指す国際協力団体〕の見積もりによると、それは中古衣料のほぼ七〇パーセントにものぼる。

二〇一六年、私たちの中古衣料がケニアにどんな影響を与えているかを知りたくて、私はナイロビに渡った。ケニアは年間ほぼ三億ポンド〔約一三万六〇〇〇トン〕の古着を輸入している。[6]ケニアの中古衣料業者（ナイロビだけで四〇〇〇もの業者がいるという）の多くが自分の仕事を愛しているが、それだけで食べていくのは難しい。輸入量が増えるにつれてその質は下がり、販売業者の手にする利益は低下の一途をたどっている。アフリカの中古衣料販売業者の多くは極度の貧困にあえいでいる。私たちの利用する使い捨てファッションは、製造工程で劣悪な労働環境をつくりだしているだけでなく、捨てられて中古衣料として売られた後も貧困を生み出す元凶となっているのだ。

低品質の汚れた衣類が豊かな国で大量に寄付され、輸出されて貧しい国に捨てられる。これが世界の現状だ。ニューヨーク市で廃棄衣料の動向調査をした結果明らかになったのは、最近の人たちは寄付する前に洗うことも修理することもせず、ペットの毛や汚れなどを取り除いたりもしないということだ。そういうゴミ同然の衣類が日々アフリカへと送られる。アメリカをはじめ他の西欧諸国から古着を大量に輸入する国の一つであるガーナでは、こういったものを埋め立て地に廃棄していく。世界的な中古品貿易を研究する非営利機関であるOR財団によれば、毎年ガーナに輸入される中古衣料の四〇パーセントは価値が低すぎたり傷んでいたりして着るのも販売するのも難しく、埋め立て地へ直行するという。二〇一八年にはじつに四八〇〇万ポンド〔約二万二〇〇〇トン〕もの古着がガーナの首都アクラ市の埋め立て地に廃棄された。[7]なぜか？　古着はひどく傷んでいたり、汚れていたり、大きすぎたり、デザインが古くさかったりするものばかり。さらに量があまりに多すぎて手に負えない。

　これを解決していく方法がある。それはまず、私たちひとりひとりが自分の出す古着にもっと責任を持つこと。その役に立つのがファッション・リユース・プランだ。このプランでは四つの戦略にしたがって、クローゼットから出た処分品をより地球にも人にもやさしく処理する方法を知る。非常によい状態なのか、服というよりもぞうきんに近いものなのか、その判断によって行き先は変わる。まずクローゼットの大そうじで出た処分品の山をよく見て、その服が次のどのカテゴリーに当てはまるのか考えよう。

1　寄付・譲渡：きれいでちゃんと着られるアイテムは寄付へ。

2　売却・交換：価値が高く、流行に即したもので、季節に合った新品同様のアイテムは売却や交換を考える。

3　修理：ボタンがとれかけているもの、小さな破れや取り除けるシミがある服は修理し、きれいな状態にして（第5部「一生モノを目指す」を参考に）、1または2の山へ。

4　リサイクル：修理不能なほど着古したものはリサイクルへ。底がすり減って穴のあいたスニーカー、シミや穴のあるTシャツ、そしてもちろん着古した下着と靴下も。あなたの住んでいる場所のリサイクルのルールにもよるが、寄付の山と一緒にできる場合もある。詳しくは次の第3～6章を参照。

第3章　古着でチャリティー

何世代にもわたって、寄付はチャリティーとして、不要になった衣類や家財にあらたな持ち主を見つけるよい手段だとされてきた。私たちが寄付したものが、地域の貧しい人たちのもとにそのまま届くと思っている人は多い。だがもうかなり前から、チャリティーの大半がそういうシステムをとっていない。慈善団体のほとんどが寄付された衣類を売却し（貧しい人にそのまま渡したりはしない）、それで得たお金を活動支金に回すのだ。寄付という道徳的な行為が今も地域のチャリティーの収入源となり、活動を支えていることは事実だ。古着を処分する方法としてチャリティーへの寄付が最も手軽で一般的なものであることにも変わりはない。しかしせっかく寄付するなら、今よりも少しだけ気を配ろう。

寄付先がきちんとした団体かしっかり調べる、実際に着られる古着を求めている地域団体や国際機関に直接寄付するなど、ちょっとした心がけで私たちは世の中にもっと貢献できる。また、チャリティーをただ自分にとって不要な衣類を処分する場と考えるのでなく、本当に必要とされているものは何なのか、つねに考えることが大切だ。

よりエシカルで透明な古着の流通を目指して

古着の世界的な流通にはすばらしい側面もある。古着産業によって世界中で多くの仕事が生み出され、おしゃれな服が安く手に入り、着古した服に二度目の生命が吹きこまれる。私はガーナやケニアのような国が衣料品リサイクルに革新をもたらす原動力となる未来を夢見ている。古着のリデザインにあらたな基準をつくりあげ、信頼の置けるエシカルな輸出業者と手を組んで高品質の衣類を世界へ送り出す、発展途上国がゴミのような衣類の捨て場所ではなくなる、そんな未来を。すでに進歩は始まっている。あなたのTシャツがガーナに送られるのを止めることは難しいかもしれないが、少なくともそれを古着として売る人がよりよい暮らしができ、それを買って着る人が誇りを持てるようにすることはできるのだ。

古着の処分の仕方に責任を持とう。なるべく地元に置いておきたいと思うなら、友だちどうしや地域でファッション交換会を開いたり、リセール・マーケットを利用して他の人に直接服を売ることを考える。これについては第5章にヒントをまとめた。衣類を寄付するときは寄付先をよく考え、季節に合っているかも確認する。そして、まず買う量を抑えること、さらに買うときにはリセール価値の高い高品質の服を買うようにすることが必要だ。

古着を出す際のエチケット

寄付・売却・リサイクル、どの場合でも古着はできる限りきれいにし、最高の状態で出すこと。

・**どんな服でも必ず、絶対に洗濯する。**寄付するときも、売るときも、交換するときも、リサイクルに出すときも、ひとつの例外もなくつねに洗濯すること。リサイクルに出すなら取れない汚れがあっても仕方ないが、臭いや洗っていない汚れ・こびりついた垢はアウト。これからあなたの古着を扱うたくさんの人たちのことを考え、敬意をもってきれいにしよう。汚れた衣類はゴミ捨て場行きになる確率が高い。古着業者は貴重な時間を使ってわざわざ汚れた衣類を洗ったりしないからだ。

・**不要なものやゴミなどを取り除く**。ポケットや生地をチェックして、ペットの毛や糸クズ、汚れたティッシュ、コイン、レシートなどが残っていないか確認すること。それで他の誰かがそれを取り除く手間を省ける。

・**靴は一足ずつまとめる**。靴を寄付するときは、左右バラバラにならないようにまとめておくこと（靴ひもがあれば結び、ストラップがあれば一緒に留め、なければヒモやゴムバンドでまとめる）。靴の片方だけを扱う海外のマーケットもあるが、きちんとペアになっている方が当然価値も高いし、あらたな履き手を見つけられる可能性も高い。

・**補修・修理を惜しまない**。古着の寿命を延ばし、埋め立て地行きを回避するために、寄付する前には補修や修理をしておくこと。修理の基本については第23・24章を参照。

・**寄付する衣類を雨ざらしにしない**。寄付ステーションや廃品回収置き場に古着を出す場合、外に放置すれば雨に濡れたり、湿ってカビてしまったりするかもしれない。そうなったら速攻で埋め立て地行きだ。

第4章　古着はゴミじゃない

肩ヒモが伸びてヨレヨレになったブラ、片方だけの靴下、履きつぶして底の抜けた靴。かつてはお気に入りだったが今はもうどんなに汚れを落としても修理してもどうしようもないアイテムがあるだろう。状態のよい古着については寄付や売却という選択があったが、では修理不能な服や靴はどうすればいいのだろう？　そういうものを寄付するのはちょっと気がひけない？　早く処分したいのに、寄付や回収に出せる場所は遠いし……。面倒くさくなって、ついゴミ箱に古着を投げ込んでしまいたくなる気持ちもわかる。

だが本来、古着の行き着くべき先はゴミの埋め立て地ではない。

アメリカのゴミ埋め立て地で衣類の占める割合は急速に増加している。海外へ輸出する量が増大してきたのと同じく、国内のゴミ捨て場に捨てられる衣類の量もここ一五年でほぼ倍増し、年六パーセントの割合で増え続けている。[1]世界的に見ても、先行きはあまりバラ色とは言えない。世界中で毎秒トラック一台分の衣類がゴミとして埋め立てられたり燃やされたりしているのだ。[2]

衣類をゴミとして捨てるのはもったいないだけでなく、コストもかかる。相当量の衣類が本来の寿命が尽きる前に捨てられるというのは、価値と資源の無駄遣いだし、埋め立てにかかるコストも膨大だ。イギリスでは毎年一六〇億ドル〔約一兆六〇〇〇億円〕相当の古着が捨てられ、[3]ニューヨーク市は衣類のゴミを埋め立てたり燃やしたりするのに二〇〇〇万ドル〔約二〇億円〕以上を費やしている。[4]それでも衣類は埋め立てたら土に還るからいいのでは？　いや、実はそれも大きな問題なのだ。コットンやウール、リネンといった天然素材はゆっくりと腐敗する。埋め立て地に捨てられたコットンのTシャツは温室効果を促進するメタンガスを放出する。このメタンガスは二酸化炭素の二五倍もの温室効果をもたらすのだ。[5]アメリカ環境保護庁によれば、埋め立てゴミは国内の人間由来のメタン発生源の三位の位置を占める。[6]一方、合成繊維（すなわちプラスチック製品）は簡単には生分解せず、腐敗するのに何百年もかかる。さらにポリエステルや合成ゴムのような合成繊維は有害な化学物質から作られており、腐敗し分解されていく過程で有害物質が空気中や土中に放出されるのだ。[7]

　それを考えると、古着を寄付したりリフォームしたりリサイクルしたりしてゴミ埋め立て地行きから救うことは、環境の面で計り知れない効果がある。環境保護庁によると、埋め立てられる衣類二〇〇万トンを流通させれば、一〇〇万台を廃車にするのと等しい炭素排出量削減効果が得られるという。[8]実際、一トンの古着を再利用することで、現在最も一般的にリサイクルされている素材であるプラスチック一トンを再利用した場合と比べて、二倍の炭素を削減できるのだ。[9]

　もう着られなくなった古着のリサイクル方法としては、チャリティーやリサイクルショップに引き取ってもらう、量販店の不要衣類回収に出す（リーバイス、コロンビア、H&Mなど）、ブランドの引き取りプログラムを利用する（アイリーン・フィッシャー、パタゴニアなど）、地域の廃品回収に出す、などの選択肢がある。また近所の農家やアートスクール、動物シェルターなどで不要衣類を求めているところがないか探してみるのもいいし、自分自身で手芸の素材や掃除用のぞうきんにするなどの伝統的な「リサイクル」を考えてみるのもすばらしい方法だ。

衣類リサイクルの未来

将来、古着が新たなファッションの素材となるのが当たり前になり、リサイクルして新しい服に作り直しやすいデザインが考えられるようになるかもしれない。だが今のところ衣類のリサイクルというと、古着としてもう一度その服を着る（これがもっともサステイナブルな選択肢だ）ことからぞうきんや断熱材のような価値の低いものに再利用することにいたるまで、さまざまな意味を持つ。たとえばTシャツやフランネル製品は工場や洗車場、美容室などで使われるウエス〔清掃用の布〕になり、古いデニムは裁断されて住宅の断熱材となる。裁断会社によって靴、ハンドバッグ、ベビー服、ジャケットなどあらゆるものが繊維に姿を変える。これがリサイクルの現実だ。ここでもう一度はっきりさせておこう。あなたの古着はチャリティーやリサイクルショップに持ち込もうと、廃品回収に出そうと、ほぼ間違いなく古着流通の流れに乗って世界のどこかに行きつくか他の繊維製品に姿を変えるのであり、伝統的な意味でリサイクルされることはまずないと言っていい。

言葉どおりリサイクルされる衣類、つまり解体されてあらたな服として生まれ変わる衣類は一パーセント以下。[10] ファッションをよりサステイナブルなものにし、衣類ゴミのもたらす危機を回避するためには、この現状を大きく変えていかなければならない。

幸いファッションの「輪廻転生」を進めていくための試みは大きく前進しつつある。古着産業からの廃棄物が新しい衣類の原材料として使われるようになってきたのだ。本書の執筆時点で、繊維から繊維へのリサイクルには多額の投資が行われており、それによってより多くの古着が新しい衣類へと姿を変え、莫大な量のエネルギーや資源を節約しゴミを減らす。Evernu（エバニュー）とWorn Again（ウォーン・アゲイン）といった会社では、コットン及び合成繊維の化学的リサイクルに取り組んでいる。市場にはすでにたくさんの再生繊維が出回り、ウールやカシミアといった天然素材だけでなく、ポリエステルやナイロンといった合成繊維の再生も行われるようになってきた。私たちはこういう再生繊維の使用をもっとブランドに対して働きかけていく必要がある。再生繊維については第18章でさらにくわしく述べるが、服のラベルに再生素材使用と書かれているかどうかにも目を配るようにしてほしい。

また大好きなブランドがあるなら、廃棄物削減のために引き取りプログラムなどの提案をして、自社の製品に責任を持つよう働きかけていくことも考えよう！　法律も私たちを後押ししてくれる。まだまだそういう国の数は少ないが、たとえばフランスではアパレル会社に自社製品の再利用やリサイクルを求める法律が制定されようとしている。[11] イギリスでは衣類一枚ごとに「ファストファッション税」をかけ、国による衣類リサイクルの資金源とする案が議会で審議中だ。[12] 世界最大級のアパレルブランドをいくつも抱え、また世界で最も多くのゴミを排出するアメリカはどうか。われわれこそファッション産業によるゴミの増加と環境汚染に歯止めをかける法律の制定を急がなければならない。そのために、ぜひあなたにもこの言葉を広めてほしい。「古着はゴミじゃない！」

第5章　古着をお金に換える

私はこれまでに古着を売ってかなりのお金を稼いできた。古着の販売はサイドビジネスとしてとても気に入っている。eBay（イーベイ）で出品した服が売れたことを知らせる「シャリーン」という音が聞こえるたび、Poshmark（ポッシュマーク）のようなファッション・フリマ・アプリで購入者が五つ星の評価をくれるたびに最高の気分になる。不要な服を売ることは、愛着のある服にふさわしい第二の人生を与えてあげられるサステイナブルかつ素晴らしい方法であるだけでなく、同時に地球にも人にもやさしいクローゼットづくりの資金も手に入れられる手段でもある。寄付と同じくらいエコなことだし、あなたの比較的近くでまた誰かに着てもらえる可能性が高い。自分の着ていた服の行き先が実際にイメージでき、誰かを幸せにしていると本当の意味で知ることができるのはとても気分がいい。

ネットで古着を扱うのはまだイーベイだけで、地域の委託販売ショップでは高級品しか扱いがなかった頃、古着を売るのにはかなりの手間がかかった。だが時代は変わった。thredUP（スレッドアップ）、ポッシュマーク、The RealReal（ザ・リアルリアル）といった誰でも簡単に使える洗練されたオンライン・リセール・サービスが次々に現れ、古着を売ることが本当に気軽にできるようになった。また従来型の実店舗のリセールショップもアメリカ国内（および世界中）で過去最高の店舗数を記録しており、あなたのクローゼットから出た状態のよい古着を喜んで買ってくれる。

ちょっとしたコツとワザを知れば、古着を高値で売ることも難しくない。世界中で私たち消費者は四六〇〇億ドル〔約四六兆円〕相当以上のまだ着られる衣類を捨てているのだ！[1] リセール名人になるなんて無理、と思っているあなたも大丈夫。この章を読み終わる頃には立派な名人になっているはず。さあクローゼットから出た古着をチェックして、リセール作戦開始！

古着の値段

服も車と同じように、買った店を出た瞬間から価値を失い始める。だからといってガックリする必要はない。大事なのは情報をきちんと手に入れておくこと。服を売りに出す前に、どれくらいの価値がありそうか調べよう。スレッドアップやザ・リアルリアルといったフリマ・サイトでは、リセールの達人たちと高度なアルゴリズムが古着市場の豊富な知識をもとに価格を設定している。たとえば「ASOS（エイソス）柄物ドレス、サイズS」「バレンシアガ　スニーカー、サイズ8」のようなキーワードで検索をかけて、同じようなアイテムを探してみるといい。イーベイを使ってリセール価格を調べるときに注意するのは、かならず落札済みのリストを見ること。リセール初心者は自分の服の価値を高く考えがちだが、ほとんどのアイテムが最終的に売れる価格は最初に出品されたときよりもかなり低くなる。フリマ・サイトをいくつか見て値段を比べてみよう。そうすればあなたが売ろうとしているものがいくらになりそうか、そもそも売る価値のあるものかどうか判断できるはずだ。

売ってもたいした額になりそうもないときはどうする？　それはもちろんあなた次第！　寄付しても、リサイクルに出しても、やっぱり手放さないことにしてもいい。いちいち仕分けするのは面倒という人は、まとめてスレッドアップのようなサイトに売ってもいい。そうすれば売れるものは多少のお金になって返ってくるし、売れそうにないものはリサイクルに回してくれる。さらに今後はつねに何かを買う前に、それがリセールに出したときに価値があるかどうか考え、なるべくリセール価格の高い優良ブランドを買うようにしよう！　またそういう優良ブランドを買うときには、自分もリセール品を買うようにすることを強くおすすめする（くわしくは第14章参照）。

高値がつくもの

古着の中にはリセールに向くものとそうでないものがある。リセール市場で歓迎されるアイテムは次のようなもの。

・**トレンドのもの・最新のもの**。ごく最近の、季節に合ったトレンドのものがいちばん高く売れる（三年から五年以内）。

・**高級ブランド・デザイナーズ**。当然ながら量販ブランドの何倍もの値段がつく。高級ブランドのハンドバッグはおそらくリセール市場でもっとも高く売れるアイテムだ。

・**季節もの**。リセール品を買う人たちは今すぐ着られるものを探している場合が多い。高価なアイテム（コートやデザイナーズ・ブランドのサンダルなど）を売りたいがシーズンから外れている場合、しばらく待って次のシーズンに売ろう。ハンドバッグやデニム、アクセサリーは季節に関係なくいつでも売れる。

高値がつかないもの

一方、次のようなものはリセール市場であまり歓迎されないため、交換や寄付・リサイクルに回すことを考える。

・**傷んだもの。**リセール品を買う人たちは、最高級のデザイナーズ・ブランドのアイテムなら多少の使用感やちょっとした汚れは大目にみるが、他のものには厳しい目を光らせる。汚れや傷みがあるアイテムなら、売る前に修理する価値があるかどうか考えること。Rachel Comey（レイチェル・コーミー）のブーツは底を張り替えたら一一〇ドル〔約一万一〇〇〇円〕で売れた（底がすりきれたままだと三〇ドル〔約三〇〇〇円〕くらいでしか売れなかっただろう）。その汚れは取り除ける？　そのほつれはうまく直せる？　多少の労力と投資によってあなたのアイテムにつく値段はかなり変わるはず。

・**ベーシックなもの。**タンクトップ、レギンス、ベーシックなTシャツと言ったシンプルで安い衣類は、タグのついた新品でなければほぼ売れない。たいていの買い手は、元値は高いがユーズドなら安く買えるアイテムを探しているのだ。

・**子供服、メンズウェア、仕事着。**子供服の古着はあまりいい値がつかない。できれば地域で交換したり譲ったりすることをおすすめする。量販品のメンズウェアにも同じことが言える。ただし例外は、プレミアのつくデニムやストリートウェア、ブランドもののアウトドアウェア、デザイナーズ・スーツ、その他デザイナーズものなら何でも。仕事着は年々カジュアル度を増してきているため、スーツなどのいわゆるオーソドックスなものはユーズド市場に大量にあふれてダブついている。男もの・女ものにかかわらず、仕事着はあまり値段がつかないので寄付に回すのがもっとも妥当な選択肢だろう。

時は金なり――自分に合ったリセール戦略を選ぶ

いろんなフリマ・アプリやサイト、委託販売の実店舗があなたの古着を求めて張り合う中で、さてどこがいちばんあなたに合うだろう？　決めるのは意外と簡単。自分の服を売るのにどれくらいの手間ひまをかけられるか、そして自分の払った金額をどれくらい取り戻したいかに的を絞ればいい。リセールでは、手間ひまをかければそれだけ多くの金額が得られる。とにかくお金が欲しいのか、それとも古着の山をさっさと片づけたいのか、あなたの望みはどっち？　次を参考に、自分にもっとも合った選択肢を選ぼう。

・**オンライン・フルサービスにすべておまかせ！**　あなたの代わりに売りたいアイテムの写真撮影、コメントと値づけ、配送といった販売にかかわる手間を全部引き受けてくれるオンライン・フリマ・サービスがある。本書の執筆時点で、スレッドアップでは婦人服・子供服・デザイナーズ・ブランドを取り扱っており、ザ・リアルリアルはデザイナーズ・ブランド、Rebag（リバッグ）は高級ハンドバッグに的を絞っている。始めるのは簡単。アカウントをつくり、アイテムを送り（プリペイド式のバッグやボックスを利用するか、自分で箱に詰めて送ってもいい）、あとは支払いを待つだけ。こういったサービスを提供する会社の手数料は高めになっている（たとえばスレッドアップでは、五〇ドル〔約五〇〇〇円〕以下の売値のアイテムについては売り手に渡すのは売値の五～二五パーセント）。フルサービスのフリマ・サイトのメリットは、何といってもその極めて高い利便性にある。忙しい人、アイテムの写真を撮ったり値づけをしたりするのが面倒な人にはこのフルサービス・サイトがいちばんのおすすめだ。

・**オンラインで自分で売りたい！**　古着からできるだけ多くの利益を得たいと思うなら（私もそう）、また自分の服をステキな写真におさめて世界中の買い手に見てもらうって楽しそう！　と思うなら（実際めちゃくちゃ楽しい！）、フリマ・アプリを使って売りたい服を自分でサイトにアップしてみよう。本書の執筆時点でもっとも人気のサイトはポッシュマーク、Tradesy（トレイジー）、DePop

（ディポップ）、Vinted（ヴィンテッド）、Grailed（グレイルド）など。もちろんリセールの大御所イーベイも忘れてはならない。こういったアプリはそれぞれ守備範囲が微妙に違うので、よく見きわめること。いくつかのサイトに同時にアップするのもありだ。その方が確実に早く売れる！

こういったフリマ・サイトのメリットは、サイトへの掲載に料金がかからず、手数料もずっと安いことだ。またサイトへの掲載も早くて簡単にできる。こういったアプリは誰でも簡単に使える登録システムを採用していて、写真撮影からサイト掲載までスマホを使ってわずか数分でできてしまう。ただ多少面倒なのは、発送と買い手とのやりとりを自分でやらなければならないことだ。私のアドバイスは次のとおり。照明を工夫して、鮮明で魅力的な写真を撮る。買い手にアイテムのイメージをはっきり持ってもらうことが大事だ。また欠点があれば正直に伝える。そして値段をつける前にリセール価格の相場をよく下調べする。高すぎるものはとにかく売れない。

・**ネットはイヤ。実店舗で売りたい。**もちろん服を紙袋につめこんで近所の古着ショップや委託販売ショップに持って行くのが、いちばん手っ取り早い昔からある方法だ。古着ショップはその場で現金を支払ってくれるし、委託販売ショップなら売れた時点で手数料が支払われる。一般的に古着ショップではトレンドものや量販ブランドのものが好まれる傾向にあり、委託販売ショップではおもに有名ブランドや高級品を扱う場合が多い。またデザイナーズ・ブランドものなら、地域の委託販売ショップで売るのがもっとも割のよい方法だ。実店舗の委託販売ショップはフリマ・サイトよりもはるかに品揃えの質が高い。実際にその場で売れるものしか引き受けないからだ。従って、これは売れないと言われるものがたくさんあったとしても驚いてはいけない。トレンドのスタイルや買い取ってくれるシーズンものをネットでチェックしたり、前もって電話で聞いたりしてから売りにいった方がよい結果を得られることも覚えておこう。

第6章　ファッション交換会で世界を救う

古着を処分できて同時にクローゼットをリフレッシュできる、超ローカルかつ社交的な方法がある。それがファッション交換会！　交換会は大勢が古着を持ち寄り、欲しいものと交換し合う集まりだ。最近では地域の小さな楽しみから世界規模の流行へと広がりを見せている。古着の交換というじつにシンプルな行為を通して、埋め立て地に送られる衣類を救い、あらたな生地を作るための水や資源を節約することができるのだ。

たとえば交換会では、コレクター好みのコンサートTシャツを持って行き、赤いエルメスのスーツを持ち帰る、なんてことが起こりうる。実際それはグローバル・ファッション・エクスチェンジ（GFX）の創設者パトリック・ダフィが経験したことなのだ。GFXはニューヨークに拠点を置く組織で、世界中の三六ヶ国で大規模なファッション交換会を開き、捨てられるはずだった一二〇万ポンド〔約五四四トン〕もの衣類の寿命を延ばしてきた。「交換会はまったく新しいファッションのありかたを我々に見せてくれる」とダフィは言う。「これまで服は店で買うものだった。これからは交換したり借りたりするものになる」[1]

交換会という言葉に魅力を感じたなら、近くで行われる予定がないかチェックしてみよう。それかいっそのこと自分で計画してみるのもいい！　近所のオシャレな友だちを集めて交換会を開くなら、成功させるためのルールがいくつかあるので次のことを参考にしてほしい。もっと大規模な交換会を開いてみたい場合は、GFXのサイトを見れば役に立つヒントが見つかる。

1 **場所を決め備品を用意する。**自分の家のリビングでも、地元の大学の教室でもいいし、どうせやるなら大きな展示場を借りてもいい。とにかくスペースを見つけて、テーブル、ラック、ハンガーなどの備品を用意し、服のディスプレーや交換がスムーズにできるようにする。姿見もいくつかあるといい。仮設の試着室も用意できれば完璧。参加者がいい具合に混じり合って話がはずむように、雰囲気のいい音楽のプレイリストを作っておいて場を盛り上げよう。「なんとなく雰囲気がよくて、内装や照明や音楽にセンスの感じられる場所を用意する。それだけで参加者の気分の上がり方が全然違うんだよ」とダフィは言う。[2]

2 **受け入れ方針を決める。**状態のよいスタイリッシュなアイテムだけを持ってくるように参加者全員に伝える。ダフィの定義によれば、受け入れ可能なアイテムとは「友だちに心から贈りたいと思えるようなもの」[3]。パーティーに一度だけ着ていったキュートなドレスか、着古してヨレヨレになったスウェットパンツか、どちらがふさわしいかもうおわかりだろう。アイテムをいくつまで持ち込めるかも決めておいたほうがいい（自分の持っている服を全部持ってくる人がいないとも限らない）。一人二点までか、一〇点までか、あるいは無制限にするか？ 多くの交換会ではチケットやトークンなどの独自の通貨を定めて、それをアイテムと交換するシステムを取っている。デザイナーズ・ブランドものや高級レザージャケットといった高価なアイテムには多くのチケットを割り当てるようにする。さらにしっかり宣伝するのも忘れずに。参加者が多い方が幅広いアイテムをそろえられる。

3 **あとはどんどん交換。**交換会成功のキーは運営管理をきちんとすること。主催者は参加者が到着したらできるだけ早く、あるいはできれば前もって交換アイテムをセレクトし、ディスプレーしておく。アイテムはきれいにたたむかハンガーにかけるかし、スタイルやカテゴリーごとに分けて並べる（靴は靴だけ、トップスはトップスだけというように）。そうすると参加者は望みのものを見つけやすい。会場は散らかってしまいがちなので、見回り係を二、三人置いて交換会の間じゅうアイテムを整理してもらうようにするとよい。

4 残った古着は寄付へ。 交換会のあとには必ず残るアイテムがある。そういうものを責任をもって寄付するにはどうすればいいか、あらかじめ考えておくこと。地域のチャリティーに寄付するか、繊維製品のリサイクル業者に渡すかはあなたのお好みで。あるいは小規模な交換会なら、残ったアイテムは参加者に持ち帰ってもらうよう決めておいてもいい。

5 メッセージカードを用意する。 交換会は、ファッションにおけるサステイナビリティの大切さを多くの人に知ってもらう絶好の機会だ。たとえば本書に書いてあるような数字の情報をプリントアウトして、あちこちに貼っておく。「Tシャツを一枚交換するごとに、二一六八ガロン〔約八二〇〇リットル〕の水を節約できる！」「衣類の寿命を二倍伸ばすごとに、カーボン・フットプリントを四四パーセント削減できる！」などなど。[4] ジョージア州のケネソー州立大学（KSU）で開催される交換会のポスターには、ファッション産業におけるスウェットショップの実態を訴えるバングラデシュの労働者たちの言葉が描かれている。交換会のSNSにハッシュタグをつけて、ファッション交換会に関するメッセージを発信してもいい。また次の交換会に多くの人を招待できるよう、参加者の連絡先を聞いておくことも忘れずに！

衣類ゴミのない世界へ

クローゼットからもう着ないものをきちんと考えながら一掃し、リユース、リフォーム、リサイクル、リセールしていくスキルを身につけた。世界を悩ます膨大な量の衣類ゴミを削減し、ファッションの寿命をできる限り長く伸ばすために何をすればいいかも学んだ。さてこれから先は？

まずクローゼットをあけるたびに、プチ整理を心がけるといい。どの服をキープしてどの服を手放すか、つねに頭に置くようにする。また手放すと決めた服はあまりためこまない。リユース・プランはこまめに実行する。高かったけど飽きてしまった服や靴は、古臭くなって価値がそこなわれる前にさっさと売ってしまおう。その方がお金を少しでも多く取り戻せる。クローゼットの中に小さな袋を用意して（私は廊下のクローゼットの中に置いている）、寄付やリサイクルに回すものを入れるようにする。季節ごとに一度はチャリティーやリサイクルショップに不要衣類を持っていくのが理想だ。ためこみすぎると、部屋も散らかるし処理が面倒くさくなる。友だちとファッション交換会も計画してみよう。もちろん修理やリユースも積極的にする。こういった手順に従えば、クローゼットから出るゴミをほぼゼロにすることは簡単にできる。

次の第2部では、そもそも大量の衣類ゴミやぐちゃぐちゃのクローゼットを発生させる原因を元から断つ方法を紹介する。それはよりよいものを、より少なく買うこと。これが第2部「持たない技術」の目指す目標だ。

第**2**部

持たない技術

The Art of Less

よく選び、少しだけ買い、
長く使おう。
——ヴィヴィアン・ウェストウッド

第7章　持たないことがスタイリッシュ&サステイナブル

「持たない技術」とは、なるべく少ない衣類を慎重かつ意識的に購入するという考えに基づいた哲学だ。といってもそれはアンチファッションの考え方とは違う。というよりアンチ乱雑、アンチゴミ、アンチ過剰消費の考え方といっていい。私たちの買う衣類のほとんどが最終的にゴミ埋め立て地や焼却炉行きになるか、クローゼットの奥深くで愛されることもなくホコリをかぶったままになる運命だ。買う量を減らし、手持ちの服をもっと着ていくことは、現状を解決するもっともシンプルでサステイナブルな方法なのだ。

だが持たないことをそんなに簡単に実行できるなら、みんなとっくの昔にやっている！　持たない力を真に解き放つためには、私たちは日々の暮らしにきちんと戦略を立て、より少なくかしこく買う技術を身につける必要がある。何を、どのくらい減らすべきか、具体的に理解するのだ。

「持たない技術」を身につけることによって、私たちの誰もが計り知れない恩恵を受ける。機能的なワードローブを組み立て、より品質のよい衣類を手に入れ、吹き荒れるファッション・ディスカウントやバーゲンの嵐、めまぐるしく変わっていくトレンドの渦の中で正気を失わずにいられる秘訣、それこそが「持たない技術」なのだ。買うものを減らすと聞くとものすごく難しく感じるかもしれないが、必ずしもそれだけを考える必要はない。今着ているものをもっと愛するところから始めればいいのだ。第2部ではよいものをかしこく買うコツだけでなく、今持っているものをいかにうまく着こなすかというアイディアにも触れる。

持たないことは地球を救うカギだ。ファッション・フットプリント〔ファッション産業が排出する二酸化炭素量〕を削減する唯一の手段でもある。ファッション産業が環境に与える悪影響の大部分が新しい服を製造する際、特に繊維を生地にする過程で発生する。サステイナビリティを提案していくコンサルティング会社Quantis（クォンティス）によれば、ファッション産業が排出する二酸化炭素と使用する水の九三パーセントは、私たちの衣類となる生地をつくり出す工程で発生する。[1] これが第4部でサステイナブルかつ毒性のない繊維とそれを使っている会社について、数章を割いて詳しく述べる由縁だ。

新しい服を欲しがる気持ちをひとりひとりが抑えれば、私たちが着るものを作るために使われる水やエネルギー・化学薬品の使用量を抑えることができる。持たないことはじつにシンプルな方法なのだが、その影響は計り知れない。Wrap UK（ラップＵＫ）が行ったある研究によると、一枚の衣類を九ヶ月長く着るだけで、その衣類の炭素排出量・水の使用量・廃棄率を二〇〜三〇パーセント減らすことができるという。[2] 持たないことはサステイナブルな力を生み出すのだ。

ファッションブランドにも衣類の製造数削減に取り組んでもらう必要がある。季節が変わるごとに膨大な量の商品が製造される。消費者が買えるよりはるかに多い量だ。買われなかったものはゴミとなって埋め立て地へ送られ燃やされる。イギリスのサステイナビリティをすすめる慈善団体エレン・マッカーサー財団の二〇一八年度の報告によれば、世界中で売れ残って埋め立て地や焼却炉へ送られる衣類の量は、毎年二一億ポンド〔約一〇〇万トン〕にものぼる。ちなみに二〇億ポンドがどれくらいの量かというとTシャツ五〇億枚分の重さに等しい。地球上の成人全員に着せても余る量だ。H&Mは二〇一八年、四三億ドル〔約四三〇〇億円〕相当の売れ残り商品を抱えていると発表している。その数ヶ月後、高級ブランドのバーバリーが二四〇〇万ドル〔約二四億円〕相当の売れ残った衣類とアクセサリーを焼却しようとしていることが発覚し（結局実行は見送られることになったが）、製造方式が破綻しているのはファストファッションブランドだけではないことが証明されてしまった。[3]
新しい服の製造をサステイナブルにしていくために、目覚ましい進歩が始まっている。さらに環境に与える影響がはるかに小さく、しかもトレンディであり続ける方法もある。いずれにせよ、「持たないこと」をすすめていくのがいちばんの緊急課題なのだ。

第8章　ファッション・ダイエット

メキシコ製の牛革でつくられた白と黒のすてきなカウボーイ・ブーツ。インスタグラムで見て一目ぼれして以来、頭の中を離れず「買って」とささやきかけてくる。すでに持っている六足のブーツを押しのけて、私のクローゼットの中に収まろうとするのだ。SNSで、テレビで、いや街を歩いている間も、私たちの周囲には最新の流行に乗ったゴージャスな商品が次から次へとあふれる。一体どうすれば新しいものの誘惑に打ち勝ち、自分が今持っているものを心から愛することができるのか？クローゼットの中には心の底から着たいと思えるものしか入れない、などという理想を実現することは本当に可能なのだろうか。

そこで登場するのがファッション・ダイエット！　あるいは服のダイエット、買い物ダイエット、ファストファッション禁止令、ノーショッピング・チャレンジと言ってもいい。ファッション・ダイエットはファッションの断食であり、ファストファッションを買うのとは正反対の行為だ。新しい服を買うのを自分の意志で完全にやめることにより、「持たない技術」を効果的にスタートさせる最高の方法といえる。ファッション・ダイエットにはさまざまな利点があるし、定期的に行えばさらに効果的だ。お金と時間を相当節約できるだけでなく、なぜ買いたくなるのかという理由を正確に理解することができるようになる。私は『ファストファッション』執筆中に一度ファッション・ダイエットを行ったが、本書執筆中にも再度挑戦した。「リサーチ」という名目のもとに、ヴィンテージもののエスカーダにハマりかけていた自分を見つめなおしたかったのだ。次のようなことに気をつけて、フアッション・ダイエットを効果的に実践していこう。

ファッション・ダイエットのルール

1 現状の把握。 ダイエットを始める前に、どれくらいの数の服を買っているのか、それにどれほどの金額を払っているのか計算してみよう。手っ取り早く概算を出すには、ここ一年で買ったと思われる服のハンガーの数を数え、払ったと思われる大体の額にかけてみる（たとえば四〇アイテムかける四〇ドル〔約四〇〇〇円〕なら一六〇〇ドル〔約一六万円〕……なかなかイタい額だ）。またスマホの画面を見ていた時間を計算してくれるアプリをダウンロードしたり、iPhoneのスクリーンタイム機能を使ったりして、オンライン・ショップを見ていた時間を調べてみよう。おそらく驚くような数字が出てくるに違いないが、この数字はファッション・ダイエットの必要性を実感し、ダイエット終了後もあなたの買い物の習慣を変えてくれる重要な動機となるはずだ。

2 基準の設定。 ダイエットの期間は二、三週間にするか、一ヶ月にするか、ワンシーズン、あるいはまる一年間やってみるか。自分にとって多少勇気はいるが現実的にできそうな期間を設定しよう。そしてあらかじめ買っていいものとダメなものを決めておくこと。靴やアクセサリーも含めるかどうか？　なども考えておこう。仕事やイベントなどのためにどうしても服を買う必要が出てきたときは、これを機会に友だちに借りたり、ファッション交換会に行ってみたり、自分のクローゼットをもう一度見直したりしてみては？

3 仲間を見つける。 助言をしてくれる人が欲しい場合も、一緒にやってくれる仲間が欲しいときも、誰か話し合える友だちが近くにいればファッション・ダイエットは格段に楽しくなる。まわりの人にダイエットを始めたことを宣言して、一緒にチャレンジしたり励ましてもらったりしよう。SNS上ではすでに一〇年ほど前からファッション・ダイエットは話題になっている。#fashionfast、#clothingdiet、#shoppingban、#noshoppingchallengeなどのハッシュタグで検索してダイエット仲間を探してみるのもおすすめ。

4　時間を取り戻す。これまで買い物に費やしていた時間を自分の手に取り戻そう！　カタログはリサイクルに出し、ネット・ショッピングは全部やめる。必要ならグーグルクローム用Iceboxなどのアドオンを使って、買い物を制限するのもいい（Iceboxは「購入」ボタンを「氷漬け」つまり「保留」ボタンに変えて衝動買いを防ぐ拡張機能）。またファッションブランドからの広告メールやニュースレターは登録解除する。インスタグラムに出るファッション企業の広告をブロックするには、「この広告を表示しない」タグを選択すれば、同様の広告が表示される回数を減らせる。あるいはSNS全般に触れる時間を制限しよう。そしてその分の時間を、今ある自分のワードローブのチェックに回そう。取り戻した時間の有効な使い方はこちら。

・**ワードローブ修理。**先延ばしにしていた靴底の張り替えや、取れかけのボタンのつけ直しをするなら今！　第5部「一生モノを目指す」には、自分で服や靴の修理をしたりプロの力を借りたりする際のヒントが満載だ。

・**クローゼット・チェック。**ソーシャルメディアのせいで、今や一回着てポイの使い捨てファッション全盛の時代。そんなトレンドは蹴とばして、お気に入りのアイテムを着たおそう。新しい組み合わせを考え、前とは違うスタイルやアクセサリーを試してみて、自分の持っているアイテムに新たな命を吹き込む。その成果を、#shopyourcloset（クローゼット・チェック）とか#30wearsといったハッシュタグをつけてSNSに投稿してみるのもいい。ちなみに#30wearsとは、クローゼットの服を少なくとも三〇回は着ようという試みだ。誰かをお手本にしたいなら、英国王室のケイト妃が何度も同じ服を着ることで有名だし、女優のティファニー・ハディッシュは白のアレキサンダー・マックイーンのドレスを四度も話題のイベントに着て行ったことが知られている。同じく女優のエマ・ワトソンも同じ服を繰り返し着ることで有名だ（それだけでなく総合的に見てもっともサステイナブルなファッションに気を遣っている人と言っていい）。彼女の服は #30wears の基準もクリアしていることが多い。

・**カプセルワードローブ・チャレンジ。**自分の持っている服を最大限にクリエイティブに着こなすこと、それがカプセルワードローブ・チャレンジ！　このチャレンジでは期間を決めて着る服の数を少なめに設定し、その中から毎日新しい組み合わせを工夫して着る。設定のしかたはいくつかある。"Be More with Less（持たなくても豊かなくらし）"というブログを書いているコートニー・カーヴァーが始めたプロジェクト333では、三ヶ月間三三のアイテムから着るものを選ぶ。もう一人のブロガー、リー・ヴォスバーグが考案した10×10スタイル・チャレンジでは、一〇日間を一〇アイテムのみで過ごす。ＳＮＳで #project333、#10by10challenge、#capsulewardrobechallenge などのハッシュタグを検索してみよう。または自分でルールを作ってもいい！　私自身、友人のファッショニスタ、ベニータ・ロブレドとグラムカプセル（#glamcapsule）を始めた。これは、自分の持っているいちばん華やかで大胆なアイテムを中心にコーディネートを考えるチャレンジだ。ほんのわずかなアイテムだけでどれほどいろんな組み合わせが考えられるか、やってみるときっとびっくりするだろう。毎日同じ服をどう違った組み合わせで着るか考えることで、ワードローブを組み立てる技術も格段に向上する。私も今では、真っ赤なパンツスーツを五通りに着こなせるようになった。シックでグラマラスな着こなしも、カジュアルでロックな装いもいける。それはこのチャレンジのおかげなのだ！

ファッション・ダイエットをやりとげるには

ずっと欲しいと思っていたアイテム（できればコンシャス・スーパースター・ブランドの服）を買うお金を貯めるためにファッション・ダイエットをする人もいれば、後悔につながるショッピングを抑えて達成感を得たいと思う人もいる。ダイエットをすると、自分がどういうときに衝動買いしたくなるのか、その傾向もわかる（ハッピーなとき、悲しいとき、退屈なとき、などなど）。目的を決めて、よりかしこく判断できる消費者を目指そう。私はダイエットのあとも、何も買わないことがどんなに気分がいいいか、その感覚を忘れないようにしている。自分で自分をきちんとコントロールできているという満足感だ。ムダ使いせずにすんだお金も大きいし、買いすぎてクローゼットがゴチャゴチャになることもなくなった。ブーツを買いそこねて後悔することはほとんどない。お店に入って何も買わずに出てくる自制心も身についたし、もっといいものが見つかるまで待つ忍耐力や、自分がすでに持っている服を大切にする気持ちも養われた。こういった力はすべて、整ったクローゼットを作りあげるためには欠かせないものなのだ。

第9章　品質向上ゲーム

古着業界の仕事を通して、聞いたこともないブランドからバレンシアガに至るまで、ありとあらゆる種類のブランドに触れてきた。何世代も着続けられる極上のキャメルのコートに、埋め立て地行き決定の今にも朽ち果てそうな合成皮革のジャケット。時には感涙で目がかすむほどすばらしい、最高品質の高級品にも出会えた。そういう経験を通してわかったのは、現代の衣類には恐ろしいほどの品質の違いがあるということだ。使い捨てレベルから、そこそこ着られるもの、最高品質のものまで、その差は果てしなく広い。その違いを私たちはもっとよく知っておくべきだ。

もちろん持っている服すべてが最高級品である必要はないし、だいいちそんなの現実的じゃない。私のクローゼットの中だって、イタリア製のウールのブレザーのとなりには、ガレージセールで見つけた二ドル〔約二〇〇円〕のポリエステル製の服がかかっている。しかしファッション・ダイエットを終え、より満足の得られる整ったクローゼットづくりを始めた人が次に目指すべきなのは、品質を見きわめる方法を知り、なるべく質の高い服を手に入れていくことだ。本章では、予算やブランドにかかわらず、より高品質で長持ちし、かつ美しくつくられた衣類を手に入れる方法を学ぶ。質のよい服は寿命が長く、地球にもやさしい。またそういう服はただ質がよいだけでなく、人を惹きつけて離さない魅力を持っている。だからこそ私たちはその服を何度も繰り返し着たいと思うのだ。

よいものを手にいれるには？

上質な服とは、全体のデザインから生地や糸・ボタン・縫い目に至るまで、最初から最後まで細心の注意を払い明確な意図をもってつくられた服のこと。本当に質のよい服は寿命が長いだけでなく、着ごこちもよく、時が経っても魅力を失わない。そういう服をきちんと見分けられるようになるためには、よいものをたくさん見て細部に注意を払う訓練を積み目を肥やす必要がある。だが誰でもその技術を身につけることはできる。よいものを手に入れる方法としては、次のようなことを試してみよう。

・**自分の服を見直す。**あなたのクローゼットの中で、時が経っても変わらない魅力がある服はどれ？　あなたが上質だと考える服は？　生地や仕立ての方法を調べ、なぜその服が上質と言えるのか考えるところから始めよう。

・**おばあちゃんのクローゼット。**よいものを持っている友だちや家族のクローゼットを見せてもらおう。私は九二歳の祖母のクローゼットの前に何時間も陣どって、コートやドレスを着てみるのが大好きだ。五〇年前の服はすぐに捨てるようにはつくられていないのだ。

・**いろんな店に行ってみる。**試着ツアーに出かけよう。最高級から最安値まで、いろんな服に触れ、実際に袖を通してみる。高級ブランドで扱われる柔らかい極上メリノ・ウールと、一ドルショップで売られるゴワゴワのポリエステル。比べることにより、質の違いがはっきりと分かるようになる。

・**メンズウェア売り場。**紳士服はいまだに婦人服より全般的につくりがよい。婦人服ほど流行の変化が速くないし、より息の長いデザインが好まれるからだ。特に紳士もののスーツやドレスシャツの仕立てや生地の手ざわりを確認しておくといい。

・**古着ショップ／ヴィンテージ・ショップ。**古着ショップには、今よりもっとよく考えてつくられていたファストファッション登場以前の服がたくさんある（もちろん最悪な服も山ほどあるけど！）きちんとつくられた服を見るのはとても勉強になるはずだ。

品質の見分けかた――生地、つくり、サイズ、細部

さて品質について多少の知識を手にしたところで、上質な服をつくりあげている要素をもう少し深く掘り下げてみよう。品質を生み出すのは、生地やつくり、サイズ、その他の細部といった素材を組み合わせたレシピだ。ではそれぞれの素材のどんな点に気をつけて買い物をすべきか見ていこう。

生地の基礎知識

品質のレシピで最も重要な要素、それは生地だ。服の外見や着ごこち、耐久性、手入れの仕方、そして値段を決めるのはほぼ生地だと言っていい。生地が衣類の価格の約半分を占めている。だからこそブランドやショップが手を抜きやすい部分でもあるのだ。[1] 本当に質のよい服を買いたいならば、次のようなことに気をつけよう。

・**その生地は服に合っている？**　服のタグを見る習慣をつけよう。首の後ろや脇の縫い目、ウエストベルトの下についている。まず最初に確認するのは、その生地がその服に合っているかどうか。そ

の服をどんな場面で着るつもりか思い浮かべてみるといい。暑い日に屋外で着るのか、エアコンの効いたオフィスで着るのか。ランニングに行くのか、パーティーに出るのか。その生地に求めているのは着ごこちのよさか、暖かさか、美しさか、性能か？　何を求めるかによって選ぶ生地は変わってくる。たとえば運動や水泳、アウトドアで着る服に向いているのは高性能な合成繊維。軽くて磨耗に強く、速乾性もあるし、防水機能つきの素材もある。セーターにぴったりなのはウールとカシミア。断熱効果を持ちながら通気性がある。コットンは全天候型万能素材で、暖かい服にも涼しい服にもなる。シルクはその比類ない光沢の美しさからナイトウェアによく使われる。値段が安くなればなるほど、使われる生地はふさわしくないものになる。ベッタリ肌に貼りつくポリエステルのサマードレス、コストを下げるためだけにナイロンを混ぜたデニムのショートパンツなどだ。

・その生地は呼吸している？　通気性が高いと涼しく乾いた感触が得られ、着ていてここちよく感じられる。トップス、ジーンズ、パンツ、下着や靴下など肌に触れる日常着においては、通気性は非常に大切な要素だ。コットンやリネン、ウールといった天然繊維はどれも通気性が非常に高い。また合成繊維だがビスコースレーヨンもそうだ。ほとんどの低価格の日常着に使われているアクリルやポリエステル、ナイロンは通気性がなく、特に伸縮性のない織物の合成繊維衣料は汗がこもって肌に貼りつく。ポリエステルやナイロンは製造方法や加工方法を変えて通気性を高めることはできる。分子構造や素材の織り方を変えて、湿気を外に逃がすようにするのだ。より着ごこちのよい合成繊維が買いたいときは、「通気性あり」というタグのついたもの、触って柔らかく滑らかなものを探そう。ただ低価格の店では、そういうものを探すのは難しいかもしれない。迷ったら、日常着や下着には天然繊維かビスコースレーヨンを選ぶといい。それなら間違いなく着ごこちのよいものが買える。混合素材の衣類を買うときは、天然素材一種類またはビスコースレーヨンの含有率が少なくとも五〇パーセント以上のものにすること。

・その生地は美しい？　登山用の衣類を買うなら、美しさを第一に求めたりはしないだろう。だが日常着やフォーマルウェアには、生地の美しさは何よりも大切な要素だ。柄や色だけでなく、繊維の織り方や仕上げまでが美しいかどうか確認しよう。低価格・低品質の生地、特に安いポリエステルやビスコースレーヨンはペラペラで張りがなく、ドレープがだらんとしていたり不自然だったり、安っぽい光沢があったりする。品質のよい素材には美しい織りと仕上げが施されており、見た目にここちよく自然に光を反射する。たとえばファインウールの自然なヒダ、高品質コットンやリネンの独特の手ざわり、本物のシルクの光沢、そういったものは合成繊維には期待できない。もちろん合成繊維にも美しいものはある。私の持っている赤茶色のブラウスはアセテート（シルクに似せたビスコースレーヨンの希少タイプの生地）製だがとてもゴージャスだ。ベルベットやブークレ、フランネル、スウェードなど起毛のある生地も美しい。生地のドレープ具合も見るようにしよう。ハンガーにかけたときのシルエットは美しいだろうか？　静電気が起きてまつわりつくような素材は避けた方がいい。

・その生地の手ざわりは？　生地を実際にさわって、感触を確認することが大切だ。特に日常着やフォーマルウェアは、手ざわりのよさは絶対に外せない。触れて気持ちのよい服は着る人に喜びを与え、何度でも着たいと思うようになる。たとえば私のクローゼットにあるメリノウールのカーディガン。革の肘当てつきで、上品なやわらかさのあるこの服は私の大のお気に入りだ。コットン一〇〇パーセントのTシャツにも、すばらしくなめらかでやわらかい手ざわりのものがいくつかある。良質なメリノウールやカシミア、コットン、シルクといった生地はどれも手ざわりが非常によいことで知られている。生地の質は繊維の織り方と長さ、目の細かさによって決まるもので、天然素材にも合成素材にも低品質のものはある。さわってみてゴワゴワしているもの、乾燥して硬いもの、ザラついているものは避けよう。またやわらかすぎる生地にも問題がある（たとえばカシミアはやわらかいものほど毛玉ができやすい）[2]。どんな値段の服だろうと、自分の手を信じ、さわってここちよく感じられる生地を選ぶようにしよう。

・その生地の厚みは？　服の生地は全般的に薄くなってきている。メーカーのコストカットのためだ。例をあげよう。私の持っている九〇年代のヴィンテージもののコットンTシャツは最近のTシャツよりも約三～五オンス〔約八五～一四〇グラム〕重いし、ヴィンテージもののコットン一〇〇パーセントのジーンズは最近のデニムより約一ポンド〔約四五〇グラム〕も重い。特に現在のTシャツやサマードレスといったカジュアルなニット製品には極薄の素材が非常によく使われているが、そういう衣類には耐久性がほとんどない。できるだけ織りの厚い生地、さわった感じがしっかりしていて重みがあり、ペラペラでない生地を選ぼう（もちろん薄い生地の服がほしい場合は別だが）。厚みのある生地のほうが長持ちするし、質も高い。また適度な重みがあった方がドレープもきれいに出る。

・その生地は長持ちする？　服はできるだけよい状態で長持ちさせたい。普通に着たり洗ったりするだけで毛玉ができる、伸びる、薄くなる、色あせる、破れるといった劣化を起こしやすい素材を避けるには？　衣類の耐久性を決める要因はさまざまだ。これまでに見てきたように織り方や厚みといった要素も大きく影響するし、この章の後半で述べる仕立てのしかたも関わってくる。だがまずは毛玉を避ける方法から見ていこう。フリース、フランネル、ニットといった生地はどうしても毛玉ができるのは避けられないが、やはり品質のよいものはできにくい。ちなみに重要なポイントとして、毛玉はカミソリや毛玉カッターで簡単に取り除くことができる。毛玉ができやすいものとしては、低品質のビスコースレーヨンのニット（ひどいものだと洗っただけで型崩れするものがある）、合成繊維のフリース、その他いくつかの混合繊維の服が考えられる。それぞれ相反する特性を持つポリエステル、コットン、スパンデックスなどを混ぜると、毛玉ができたり縮んだりする比率が異なるため洗ったときに型崩れしやすい。[3] どうしても混合繊維を買いたいなら（特に最近は避けることが難しくなってきている）、一つの素材が七五パーセント以上のものを探すようにする（たとえばウール七五パーセント、ナイロン二〇パーセント、エラステイン五パーセントなど）。

ブランドやメーカーは衣類の耐久性に多大な注意を払い、毛玉や色あせ・摩擦に強い加工を施したり、厳しい耐久性試験を課したりしている。しかし値段が安くなればなるほど、メーカーはわざわざそんな機能を付け加えたりはしなくなる。性能に不備があったり、あっという間にくたびれてしまったりした経験があるなら、他のブランドで買うことを考えた方がいい。また消費者である私たちの行動も、服の耐久性を大きく左右する。洗い方や手入れの方法を変えることで、低品質の衣類でも長持ちさせることができるのだ（これについては第5部「一生モノを目指す」で詳しく述べる）。

・その生地をどう洗う？　生地を選ぶ際にもう一つ気をつけなければならないもの、それは服の内側に付いている洗濯方法の表示ラベルだ。服を選ぶときには、手洗いだろうと自然乾燥だろうと、そこに書いてあるお手入れの方法を必ず守るという気持ちを持つこと。品質の良し悪しと手入れのしやすさは全く別の話だ。洗濯について述べた第22章を読めばわかるが、特にアメリカ人は衣類を洗いすぎだし、洗濯乾燥機に頼りすぎていて、スチームや自然乾燥をほとんどしない。それが衣類の寿命を縮めていることにも気づいていないのだ。代わりにメーカーはひっきりなしの洗濯にも耐える合成繊維の衣類をどんどん作り続ける。皮肉なことにポリエステルやナイロン、あるいはその他の合成繊維含有量が高い混合繊維は非常に臭いが移りやすく、そのためいわゆる「お手入れ簡単」

な合成繊維は天然素材より頻繁に洗わなければならなくなる。[4] ところで、手洗いのみ、あるいはドライクリーニングのみと指示のある低価格の合成繊維やビスコースレーヨンは避けた方がよい。「いちばん安い衣類は洗濯機や乾燥機にかけられない合成繊維製であることが多いのです」と衣料デザイナーのカルナ・シャインフェルドは言う。「そういう衣料は結局クリーニングに買った値段と同じくらい、あるいはそれ以上の出費を強いられることになります」[5] オーダーメイドの服、またシルクやカシミアなどの繊細な天然素材の衣類には、ドライクリーニングのみや手洗いのみといった指示のあるものが多い。ただ安い合成繊維より臭いがつきにくいので、洗う回数ははるかに少なくて済む。

天然素材と合成繊維

一九世紀の終わりから二〇世紀の初めにかけて、ポリエステル、ナイロン、スパンデックス、ビスコースレーヨンといった合成繊維が華々しく登場した。かつて繊細な天然繊維には手洗いやアイロンがけといった果てしなく面倒な作業が必要だったが、人工の化学繊維はそう言った労働から女性を解放した現代の奇跡と賞賛されてきたし、いまだにそういった考えは根強い。しかし一九八〇年代頃から、合成繊維は肌にまとわりつくし安っぽい上に耐熱性が低いと批判されるようになってきた。

そして現在はどうだろう? 信じがたい進化を遂げ、洗練されて美しくかつ着ごこちのよい人工繊維が次々に現れてきた。今やほとんどの消費者が合成繊維をそれとは気づかずに買っている。ポリエステルとナイロンが世界で製造されるすべての繊維の六〇パーセントを占める一方、コットンは繊維市場の四分の一にまで縮小した。[6] この現実を前にすると、天然繊維と合成繊維のどちらがすぐれているかという長年続いてきた議論にはもはや意味がないのだろうか。

そうとも言えるし、そうでないとも言える。合成繊維は昔よりはるかに質がよくなり、屋外での作業やアウトドア・ライフには欠かせないと考える人がほとんどだ。しかしポリエステルやビスコースレーヨンが私たちの日常着にここまで大量に使われているのは、何よりもまず天然繊維より作るのが簡単で安い（しかもかなり安い）からなのだ。現在製造される衣類の値段は、消費者が迷わず買おうと思えるような一定の価格（衝動境界値と呼ぶことにしよう）以下に設定される。この衝動境界値を超えないためには、合成繊維は必要不可欠だ。

　参考までに、一般的な繊維の値段を安い順に言っておくと……もっとも製造原価が安いのがポリエステル、ナイロン、アクリル、普通のビスコースレーヨン。次にくるのがコットンと、モダールやリヨセルといった高機能ビスコースレーヨン。最後に製造コストがもっともかかるグループとして、レザー、シルク、リネン、超高品質コットン、カシミア、ウール。こういった素材は合成繊維の何倍ものコストがかかり、その結果私たちの着る服に占める割合はどんどん縮小してきている。

　こういう情報は、衣類を買うときにそれに見合う金額を払っているかどうかを確認するのに役に立つ。服を買うときには、必ず表示ラベルを見るようにしよう。Tシャツやジーンズからブレザーやドレスに至るまで、あらゆるものに合成繊維やビスコースレーヨンを使いまくっているブランドは、品質よりも低価格を重視しているということが明らかにわかる。逆にコットンやウールからビスコースレーヨンやポリエステルまで幅広い素材が使われているブランドは、それぞれの服にもっとも合った素材をきちんと選んで使っていると考えられる。ただスポーツウェアとスイムウェア、アウトドアウェアは例外だ。求められる性能上、合成繊維に頼らざるを得ないためだ。

　合成繊維の利点や人気も理解はできるが、やはり私はどうしても日常着には天然素材を強く推したい。原料となる作物の栽培は世界中の農家・農業を支えているし、そもそも何千年にもわたって人間の文化の一端を担ってきた。合成繊維は天然繊維が提供してきたものをもっと安い価格で提供しようとしているが、その実現はそれほど簡単ではない。たとえば合成繊維に防臭・抗菌機能を添加することは、人間の健康や環境に危険を及ぼす可能性があるのだ。このことについては第19章で詳しく述べる。またコットンやシルク、リネン、ウールといった天然繊維の織物の特徴や風合いを合成繊維で再現することはまだまだ難しい。さらに上質な天然繊維製品は年とともになじんで風合いが増すことが多く、磨耗して破れたり壊れたりすることは少ない。私のウールのセーターや丈夫なコットンTシャツ、レザーのジャケットや靴、シルクのシャツは何年も着た後でもゴージャスな美しさを保ったままだ。古着をより分ける仕事を何年もしてきてよくわかったのは、普通に着たり使ったりしているだけですり切れたり毛玉ができたり型崩れしたりするのは、ほぼ例外なく合成皮革やビスコースレーヨンのニット、合成と天然の混合繊維の製品だということだった。

　合成繊維対天然繊維の問題をさらにややこしくしているもう一つのポイントは、現在非常に多くの衣料が天然繊維と合成繊維の混合素材で作られているということだ。ときには価格を下げるため、強度がそれほどなくシワができやすい天然繊維の弱点を補うために合成繊維を混ぜる場合もある。だが劣化の仕方も洗い方も違う相容れない素材どうしを混合することで、品質を下げてしまう場合もある。品質を犠牲にして値段を下げるためだけに混合しているのかどうか、どうやって見分ければいいのか？　私が採用している尺度は、一種類の素材が少なくとも三分の二以上を占めているかどうか、ということだ。シャインフェルドのアドバイスによると、四種類以上の素材の混合繊維は避けた方がいい。それは明らかにコストカットを狙ったものだからだ。[7]

　あなたが価格や性能やときには倫理的な理由で断固天然繊維を選ぶ主義だろうと、合成繊維や混合繊維を選ぶ人だろうと、入手できるもっとも質のよいものを、価値観やライフスタイルに合わせて自分自身で選ぶことが大切だ。第18章でも説明するが、好みに合った繊維のよりサステイナブルなバージョンを探して買うこともできる。

仕立てのすべて

次は仕立てについて学んでいく。仕立てとは衣類をつくりあげる技術だ。上質な衣類はていねいな仕立てにより産み出される。適切なサイズと頑丈で美しい縫製が一体となって、負荷やねじれに耐え、あなたの外見を引き立てる衣類をつくりだすのだ。仕立てのよい服を買うには、まず縫製を確かめるところから始めよう。

すぐれた縫製

よい縫製を見分けるのに、裁縫の達人にならなくても大丈夫。明るい光のもとで、最初は衣類の表から縫い目を確認し、次に衣類を裏返して内側の縫い目を見よう。その際にチェックするのは次のようなことだ。

・**衣類の色に合った丈夫な糸を使っているか。**糸は衣類に合った色で、生地に溶け込んで目立たないこと。ただしデザインとして目立つ色の糸を使っているものは別だ（ジーンズのトップステッチのゴールドやイエローなど）。また縫い目を引っ張ってみよう。それで糸がほつれるようなら、その服全体に使われている糸の品質がよくない証拠だ。

・**縫い目は美しく揃っているか。**縫い目はまっすぐに揃っていて、衣類の端からの距離が均一かどうか確認する。ただし、手縫いの服やオートクチュールもの（高級オーダーメイドの婦人服）は縫い目にもっと変化がある。

・**縫い目は詰まっているか。**一般的に言って、縫い目が詰まっている方が縫い合わせた部分が丈夫で、衣類の持ちがよくなる。既製服だと一インチあたりのステッチ数（ＳＰＩ）は八〜一〇が普通であり、これくらいのステッチ数ならかなりの強度が見込める。ただし例外はいくつかある。「ウールやコートなどの重い衣類では、太い糸を使い長めのステッチで縫う方が見栄えがよくなります。そういう点に気をつけて衣類を探すことをお勧めします」とパーソンズ美術大学の副学部長でファッション・デザイン及びサステイナビリティを教える教授でもあるティモ・リッサネンは言う。[8]

・**負荷のかかる部分の縫い目は補強されているか。**着ている間に繰り返し引っ張られたり伸びたりする部分の縫い目は、細かく頑丈になっているか確認する。たとえばボタン穴まわり、袖ぐり、背中の継ぎ目、ベルト通し、ポケットやストラップの衣類との接合部分など。

・**留め具は頑丈で高品質か。**留め具とはボタンやファスナー、スナップ、バックルなどの衣類の着脱に使う小物の総称。留め具を強く引っ張ってみよう。ぐらぐらしたり頼りない感じがしたりしないだろうか。私はよく軽く爪を立ててみて、塗りや仕上げがはがれ落ちたりしないかどうか確認する。ファスナーなら上げ下げし、スナップなら留めたり外したりしてみる。動きがスムーズで、引っかかったりすべったりせず、作りがしっかりしているか。ボタンならきちんと縫いつけられているか。必ず引っ張って確認すること。

・**買うべきではないもの。**縫い目が曲がっていたり、ゆるかったり、留めていない糸の先が飛び出していているような衣類は避ける。またステッチに抜けや乱れがあったり、縫い目が引きつっているような衣類もやめた方がいい。基本的な品質管理も行われず、大急ぎで製造された証拠だ。

しっかりした継ぎ目・きれいな裾処理

服全体の縫製を確認したら、次は継ぎ目と裾処理を見ていこう。継ぎ目とは二枚の布を接ぎ合わせて縫ってある部分のこと。生地がばらけないようにつなぎ、衣類の裏をととのえ、着た時にしっかり形を保てるようにする。次の点に気をつけて、継ぎ目と裾処理がきちんとしているかどうかチェックしよう。

・**強度のチェック。**強度を確かめるためには、継ぎ目をそっと左右に引っ張ってみる。縫い目のすきまから光が透けて見えるようではダメ。また手を離したら元の形にきれいに戻ること。

・**継ぎ目はデコボコしていないか。**継ぎ目が衣類や着る人の体に沿ってきちんとフィットしていないと、肌に当たって気になったり、服の形が崩れたりする。また継ぎ目の縫いしろが多めにとってある服は上質だと思っていい。サイズ直しがしやすいからだ。

・**端処理の確認。**継ぎ目の端の部分を処理する方法はいろいろある。大量生産される既製服では、均一のループ模様ができるロックミシンがけになっていることが多い（図1参照）。ロックミシン処理は安くて速くできるし、比較的強度もある。ただ糸がゆるくなっている部分やステッチの乱れがないか確認すること。上質な服になると、もっと手がかかり見た目にも美しい継ぎ目処理が施される。継ぎ目や衣類の裏の縫い目も、表側と同じようにきちんと整っているのが望ましい。上質な服に使われる継ぎ目処理の方法として、バイアステープ処理と袋縫いを覚えておくといい（図2・3参照）。

・**裾処理はどうか。**スカートやパンツの裾処理・裾上げ方法を見てみよう。縫い目はまっすぐになっているか。継ぎ目の処理と同じように裾処理にもじつにさまざまな方法がある。安い服は縫い目がゆるかったり曲がっていたりして雑な場合が多く、きれいなシルエットやドレープが出ない。最高品質の衣類はステッチがほとんど表から見えず、流れるようなシルエットが出るように施されている。また裾直しがしやすいように、裾上げ部分の生地に余裕があるかどうかも見ておこう。

よい仕立てを見分ける秘訣

上質な衣類には、あらゆる種類のデザインや仕立ての技術を駆使して、機能や魅力や着ごこちを向上させる努力がなされている。服を買ったときに、着てみた感じ、あるいはデザインに何かが足りないと感じた経験は誰にでもあるはず。衝動境界値を超えないために、仕立てが手抜きされ簡略化されるのはよくあることなのだ。品質のよいものを買いたいと思うなら、次の秘訣に目を配るようにしよ

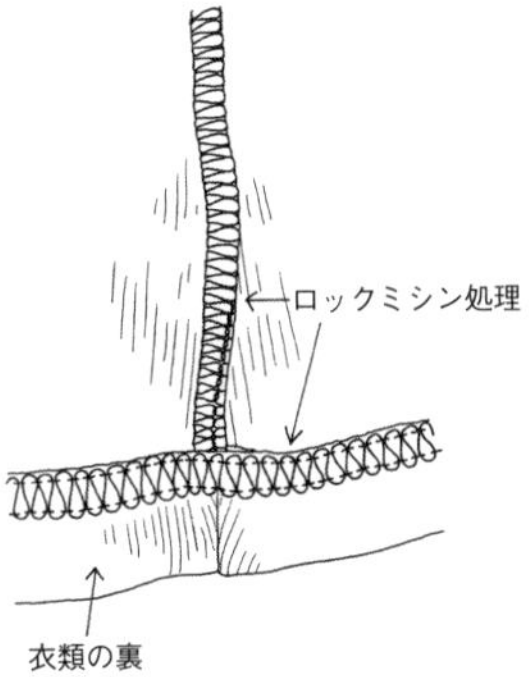

図1

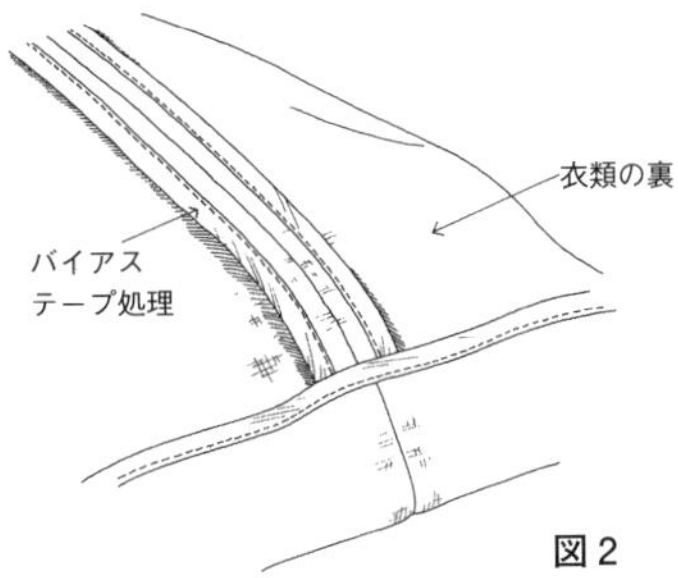

図2

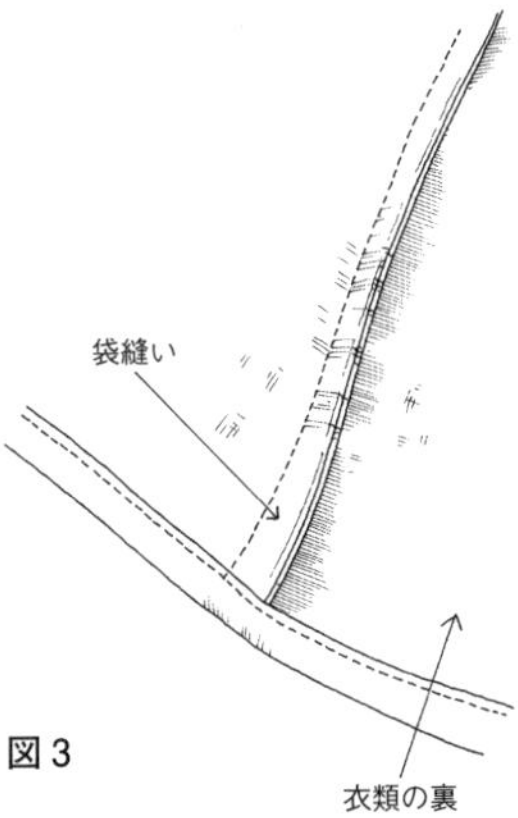

図3

う。

・**仕立てに余裕があるか。**低価格・低品質の衣料は、コスト内に抑えるために生地・縫製・仕立てなどのうちの何かを犠牲にしている。裏地がついていない、ウェストにファスナーの代わりにゴムが使われている、生地を節約するためキャップスリーブを袖なしにして膝丈のスカートをもっと短くするなど、ケチっている例はいくらでも見つかる。上質の衣類は生地にも縫製にも仕立てにも余裕があり、すべてがその服をよいものにするために考え尽くされている。「コストカットよりもデザインを重視し、細かいところまで考えて作られているのが質の高い服です」とシャインフェルドは言う。[9] またリッサネンによると、「見せかけでなく実際に使えるボタンやポケットがついているかどうかも、上質で余裕のある仕立ての目安になります。そういう細部は作るのにコストがかかる。そこまで目を配って作っているかどうかが、その服全体ににじみ出る質の高さをはっきりと物語るのです」[10] 私自身のワードローブの中から、仕立てをケチっている例と余裕がある例を挙げてみよう。ここに二枚のTシャツドレスがある。一つはまあまあの品質、もう一つは上質なもの。前者はファストファッションブランド製で、裏地がなく、少しだけ短すぎ、ペラペラに薄いコットンのため体にまつわりついてずり上がってくる。それに比べて上質な方は全体に裏地がついており、脇にギャザーが寄せてあってシルエットとドレープが体の線を美しく見せてくれるし、袖と裾はちょうどよい長さで、表からは見えない美しい裾処理が施されている。こういう細部の差はほんのわずかに見えるが、実際に着てみると驚くほど劇的な違いを生み出すのだ。

・**思いがけない発見があるか。**上質な服にはつねに思いがけない発見がある。デザイナーやブランドは、着る人がふと気づいて嬉しくなるような仕掛けをどこかに忍ばせているのだ。シャインフェルドはそれを「秘密のサプライズ」と呼ぶ。「こういったサプライズはとてもよく考え抜かれていて、そのおかげでその服やブランド、デザイナーのことがもっと好きになってしまうの」[11]私のクローゼットの例をあげると、たとえばヴィンテージもののダナ・キャランのレザー・トレンチコートには、想像を絶するほどしなやかなレザーの裏地のついたポケットがある。店で見たときには気づかなかったが、今ではそこがいちばんお気に入りになっている。

・オーダーメイドの芸術。 リッサネンの説明によると、オーダーメイドの衣類とは「生地のピースを一人一人の体に合わせて美しく断ち、縫い合わせたもの」[12]。低価格の服にはストレッチのきく生地が好まれ、凝った仕立てを必要としない製造工程が用いられる。その方が低コストで製造できるからだ。そういった服はオーダーメイドの足元にも及ばない。一般的に言ってコートやスーツ、上質なドレスシャツといったオーダーメイドの衣類は非常に持ちがよい。体に合わせて縫われているため磨耗することが少ないし、使われる生地もウールのような丈夫で質の高いものが多いからだ。私自身のクローゼットをつくりあげるプロセスで、品質のよいものを買うということは（ノンストレッチ素材の）織物の服とオーダーメイドを増やすという意味だった。オーダーメイドの服でいちばん重要なのはダーツが入っていること。ダーツとは服に美しいフォルムを出すために三角形に縫い込む部分だ。こういった仕立ての細部により衣類にどんな違いが生まれてくるのか。私のクローゼットにビスチェが二着ある。一つはニットの既製品で、もう一つはオーダーメイド。ニットの方はファストファッション・チェーンで買ったもので、低品質のアクリル製のため伸びやすく毛玉もできやすい上に、縫い目が浮いて肌に当たる。オーダーメイドの方はヴィンテージのドルチェ＆ガッバーナのもので、ピンストライプのウール製、成形ブラカップつき、かぎホック留め、さらに継ぎ目は巻き縫い処理が施してあって着ごこちよく美しい。こちらは一〇年以上の時を経ているにもかかわらず、実際に着るものとしても、また研究対象としても私の大のお気に入りのアイテムだ。

サイズ選びの基本

自分のサイズにぴったり合った衣類は動きやすいし、見せるつもりのない場所が見えてしまう心配もない。

「高級ブランドは扱う衣類の一枚一枚がきちんと体にフィットし、服によるばらつきが出ないよう細心の注意を払っています」とシャインフェルドは説明する。「最高級アパレルメーカーはサイズの一貫性に非常に厳しいのです。ですから質がよい上につねに自分にぴったり合うと感じているとしたら、そのブランドは信用できるということです」[13]逆に自分に合うのがどのサイズかわからず、同じサイズでも合う服と合わない服があるブランドは、あまり品質に信用がおけないということになる。そういうブランドはサイズのテストを適当に済ませているか、あるいは全くやっていないと考えられるからだ。

サイズを確認するためには、必ず試着してしばらく着たままで過ごすこと。「どのブランドが信用できるか、何シーズンたっても着たくなるのはどこの服か、たとえ面倒でも試着をすれば必ずわかるようになります」とシャインフェルドは言う。[14]まず最初に確認するポイントは、その服を着た状態で自由に、また快適に動き回れるかどうか。座ったときにウェスト部分が大きく開いてしまったり、ずり落ちてしまったりしないか。シャツなら、息をしたり伸びをしたりしただけで大きく前が開いてブラが見えてしまったりしないか。またきちんとサイズの合った衣類だと、肩の継ぎ目は肩の先端にぴったり合っているし、体や足の部分はほどよくフィットしてきつすぎず、袖は手首のすぐ下までできて手にかかったりしない。つねに自分で確認してみよう。継ぎ目は正しい場所にあるか？　長さはどこもぴったりか？　ストラップやポケットなどは正しい位置についているか？　以上の点がすべてOKならサイズ選びは順調だ。

試着のときには、柄や色や飾りといった表面的なものだけでなく、着たときの感触やフィット感に注意することが重要だ。目を閉じて、肌に触れる生地の感触に意識を向けてみる。頭の中で自分の体をスキャンし、その服が本当に着ていてここちよいか、まとわりついたり体の動きを妨げたりしていないか確認してみよう。また歩いたり回ったりしてみて、ドレープや生地の動きを見る。ずり上がったり固まったりせず、美しい動きが見られるだろうか。次に座ってみて、その状態でも着ごこちを確認する。裾は上がりすぎていないか、立っているときと同じように座ったときもその服はステキに見えるだろうか。最後に、いちばん大切なこと。それは鏡の中の自分に「私はこの服を着て心からときめく？」と聞いてみることだ。少しでも迷ったときは、その服は元に戻そう。

保証について

品質をつくりあげるレシピにはよい生地と仕立て、ぴったり合ったサイズ、手の込んだ細部、そして保証が含まれる。上質なものが買いたければ、製品の背後にあるブランドの姿勢を見るようにする。どんな保証が用意されているか、どういう理由なら返品が可能か、どのような修理や交換が提供されているのか。「保証や返品方針がきちんとしているメーカーほど、品質もよい場合が多いのです」とシャインフェルドはいう。[15] たとえばサステイナブルなデニム・ブランドであるNudie Jeans（ヌーディージーンズ）はジーンズの永久無料保証を提供している。パタゴニアでは製品が損傷した場合、あるいは期待にそぐわなかった場合にも修理・交換・返金を受け付けている。セリーヌ、ジバンシー、シャネルを始めとする最高級ブランドも、購入一年あるいは二年以内の製品には修理を提供している。[16]

品質チェック早見表

高品質の衣類

・丈夫で美しく織られており、手触りがよく、きれいなドレープを描く。
・スポーツウェアやアウトドアウェアを買うときには、通気性と速乾性があり洗濯が容易で磨耗しにくい生地で作られているものを選ぶ。
・スポーツウェアやアウトドアウェア以外の衣類は、コットン、リネン、ウール、レザー、カシミアなどの天然繊維製のものを選ぶ。値段は高くなるが着ごこちがよいし、長持ちする上、修理もしやすい。
・縫い目はまっすぐで強く、仕立てに余裕がある。継ぎ目と裾は表側と同じように裏も美しく整っている。
・糸やボタン、ファスナーなどのパーツに耐久性があり、服のデザインや色に合うよう考えられている。
・予備のボタンや時には予備の糸がついてくる。こういうものがついている衣類は、手入れして長く着られるようにデザインされているということだ。
・保証や修理のサービスが充実している。

品質と価格の関係

質のよいものを作るにはコストがかかる。デザインにも縫製や仕立てにも時間と手間が必要だし、使われる材料も高価なものだからだ。だがそのコストを払うだけの価値は必ずある。質のよいものは安物よりはるかに長持ちするし、見栄えもずっと美しいのだ。だが値段だけで品質が測れるかというと、話はそう簡単ではない。何を上質とするかは、どんなものを買いたいのか、その衣類にどの程度の機能を求めるのかによって変わってくる。質のよいTシャツはそれほど高い値段でなくても作れるが、上質の冬物のコートやフォーマルドレスはどうしたってそんなに安くは作れない。そしてランウェイやレッド・カーペットで着られるオートクチュールのドレスは、何十人もの熟練の職人の手によって作られ、まさに車が買えるほど高価だ。コートやオーダーメイドのスーツやパンツ、ブレザーといった手間のかかる衣類を買うなら、もちろん値段は品質のよさを計る基準になる。しかしTシャツやシンプルなサマードレスのようなベーシックな服を買うときは、値段はあまり関係ない。前出の品質チェック早見表を参考に、自分の目と手で確かめよう。

品質はいくら？

品質のよい衣類が出てくるのは中くらいの価格帯から。良質な生地で出来たシンプルなトップスが三〇ドル〔約三〇〇〇円〕、フォーマルなドレスやコート、オーダーメイドの品なら五〇〇ドル〔約五万円〕ぐらいで手に入る。このあたりの価格の服なら、生地・仕立て・フィット感・細部パーツなどの品質チェック早見表の項目を全て満たすものが見つかるはずだ。それでも予算オーバーという人も、ガッカリしないで。第14章でリセール品の買い方、第17章でファッションのお金事情を説明している。ぜひそちらを読んでみてほしい。たとえ予算があまりなくても、自分のクローゼットをレベルアップし、非常に上質な衣類を手に入れることは必ずできる。ただ、たとえ高くても品質のよいものは長持ちするので、長い目で見れば結局得になるということをつねに頭に置いておこう。

どうしても衝動境界値以下の安い服が買いたいときも、買う前に必ずチェックすること。ここでも品質チェック早見表を活用しよう。安い服の中にも長持ちして見栄えが変わらないものが、決して多くはないがある。継ぎ目を引っ張ったり、ファスナーを上げ下げしてみたり、生地を伸ばしたり縮めたりしてみて、すぐにシワになったり伸びたりしないか確認しよう。また洗う際には細心の注意を払う。安いからといって、二、三回着ただけでダメになってしまっていいわけではない。

また漠然と「デザイナーズ」と銘打って売られている服には注意した方がいい。本物のデザイナーズ・ブランドはかなり高いが、それはその服がつねによい素材と優れたデザイン、見事な職人技に支えられているからだ。だが価格をつり上げるためだけに低品質の服を「デザイナーズ」ものと銘打って売るのは、アメリカの安売り衣料品店やアウトレット・ストア、低価格が売りのデパート、ブティックなどではよくある手口だ。普通は「デザイナーズ」といえばよいデザインや素材、縫製の目印なのだが、ラベルだけをあまり品質がよいとは言えないものに貼りつけて手っ取り早く利益を出すこともできるのだ。だまされることのないよう、品質チェックを必ず書いてあるとおりに実行しよう。

品質のよいものを求めても、必ずしもつねに望み通りのものが手に入るとは限らない。品質をつくりあげる材料の中で、どれを省いてもいいか自問してみる。私の場合は、ほぼ例外なくよい生地を最優先に考える。デザインはシンプルで構わないので、とにかく素材のよいものを選ぶようにしている。だがスタイリッシュタイプならそれとは全く逆で、デザインの面白さを何よりも優先、かわりに安い合成繊維でも我慢するという人は多い。予算・優先順位・ファッションタイプをもとに、自分にとっての高品質の基準を決めよう。

ここにあげた主要アイテム五種類によいものを揃えると、クローゼットはぐっと洗練されたものに見えるし、達成感も高くなる。よいものは欲しいが手が届かないと思うなら、リセールと古着のショッピングに関する章を参考にして（第14章と第15章参照）、一点一点、少しずつ時間をかけてレベルアップしていこう。

1 冬物のコート：コートは冬場の数ヶ月間毎日のように着るものだし、脱ぎ着する回数も多いため、なによりもまず頑丈でなければならない。できる限りよいものを買おう。作りが丁寧で、機能的かつ流行に左右されないデザインのものを選ぶ。レザージャケットも同じ。よいものは一生着られる。トレンディなデザインよりクラシックなスタイルを選ぼう。レザーは感触はしなやかだが耐久性のあるものを選ぶ。ステッチはしっかりしているか、ファスナーは頑丈か、裏地は全体についているか、機能的なポケットが付いているかも確認しよう。

2 セーター：上質なウールやカシミアのセーターは半永久的に持つ。クルーネックやタートルネック、ケーブルニットのセーターはいつの時代もクラシックで上品なアイテムだ。上質なウールの手触りは目が詰まってしっかりしていて厚みがある。柔らかすぎるニットは品質があまりよいとは言えない。[17] 本当に上質なウールは、着ているうちに時とともに柔らかくなるのだ。

3 ハンドバッグ：安いフェイクレザー・バッグの誘惑に負けず、信頼できるブランドの上質な本革のバッグを買おう。超高級なデザイナーズのバッグも、トレイジーやザ・リアルリアル、スレッドアップ、リバッグといったフリマ・サイトなら手の届く値段で買える。また最近は高品質のフェイクレザーのバッグも増えてきた（ステラ・マッカートニーとMatt&Nat（マット・アンド・ナット）ではシックで耐久性のある合成皮革製品を扱っている）。レザーとその代替製品については第18章参照。

4 ジーンズ：私たちのほとんどが日常着としてデニムを着ている。したがって品質のよいものを買うことは必ず得になる。ペラペラに薄いジーンズはやめて、多少重みのあるものを選ぼう。コットン一〇〇パーセントのジーンズは半永久的に持つし、修理も簡単だ。少しストレッチが欲しいならスパンデックス混を選んでもいいが、その割合は二パーセントを超えないようにすること。ポリエステルやビスコースレーヨン、スパンデックスの入った混合繊維はほぼ間違いなくコストカットの印であり、そういうデニムはすぐに毛玉ができたり伸びたりする。

5 靴：次の第10章で詳しく説明するが、クローゼットの中でもっとも品質に気をつけて選ばなければならないアイテムを一つだけあげるとしたら、それは靴だ。私の場合、キャンバス地のスニーカーと合成素材のランニングシューズは一年から一年半で履きつぶしてしまうが、あとはすべて本革のドレスシューズで、何年も持つものばかりだ。

大規模量販店からコンシャス・ブランドまで——長く着られる上質な服をどこで買うか

上質な服を作っているブランドやメーカーのすべてをここでリストアップするのは難しいが、それは嬉しいニュースだと言える。この世界には、よく考え抜かれて作られたゴージャスな服がまだまだたくさんあるということなのだから。量販チェーン店で完璧なコットンTシャツを見つけたこともあるし、ファストファッション・ストアで滑らかなレザーのフラットシューズやカシミアのセーターを手に入れたこともある。それに私のお気に入りの冬物のウールの帽子は、ディスカウント・ショップのクリアランス・コーナーで見つけたものだ。どういうものを探せばいいかきちんと理解できていれば、上質な衣類はどんなところでも見つけることができる。とりあえず本書を第20章まで読むことをおすすめする。地球と人にやさしい買い物に関するこの章を読めば、エシカルでサステイナブルな服を作ろうと努力している上質なブランドを選ぶことができるようになるし、古着ショッピングに関する章に目を通せば、賢い買い物のコツを身につけることができる（私は上質な服を手に入れるのにもっぱら古着を利用しているのだ）。どこで買い物をするにしても、品質のよいものを手に入れるには次のことに気をつけよう。

・**一ドルショップ：**注意が必要！　ベーシックな靴下やTシャツなら何とか着られるものが手に入る場合もあるが、縫製はあまりよくないし、毛玉ができたり型崩れしたりしやすい。

・**ファストファッション・チェーン：**H&M、ZARA、Fashion Nova（ファッションノバ）、Missguided（ミスガイデッド）、フォーエバー21など。ファストファッション・チェーンは超スタイリッシュな服を作る。だがその数が膨大なため、アイテムによって品質に当たり外れがあるし、会社によっても差がある。最低一ドル〔約一〇〇円〕の服があるようなネットの激安ファストファッション・チェーンは避けた方が無難だ。その値段でまともな品質の服を作ることは不可能だからだ。品質チェック早見表を利用して、もっと品質に一貫性のあるブランドに乗り換えよう。

・**大規模量販店：**ウォルマート、Kohl's（コールズ）など。大規模量販店は自社製品のテストをしっかり行う傾向があり、ベーシックなスタイルの服を繰り返し大量に生産する。つまりTシャツやタンクトップ、下着、子供服、スポーツウェアについてはかなり信用がおけるということだ。ハンドバッグや靴、流行のもの、手の込んだ服やデザイナーズ風の衣類は避ける。量販店ではその種の衣類で高品質なものにはめったにお目にかかれないからだ。

・**中堅および高級デパート：**Dillard's（ディラーズ）、メイシーズ、Saks（サックス）、Bloomingdales（ブルーミングデールズ）、Nordstrom（ノードストローム）など。デパートは以前ほど人気がない。信頼できる中堅ブランドから高級ブランドまで幅広く揃えているところが多いだけに残念だ。なるべく地元のデパートを利用し、店員に上質な服探しの手伝いをしてもらおう。

・ブランドショップ：Jクルー、リーバイス、Ｇａｐ、Anthropologie（アンソロポロジー）など。ブランドショップは一般的に自社ブランドの評判を保つため、一定の品質基準を維持する必要がある。またこれは高めの値段設定を正当化するためでもある（高めといってもファストファッションと比べて、という意味だが）。ファッションブランドではかなり念入りな製品テストを行う場合が多いが、他のチェーンストアと同じく、昔ほど品質に一貫性がない。やはり品質チェックは必須だ。

・アウトドア／スポーツ・ファッションブランド：The North Face（ザ・ノース・フェイス）、Athleta（アスレタ）、パタゴニア、ナイキ、アディダスなど。このカテゴリーは長持ちする服の宝庫だ。スポーツウェアをファッションとして着る人も非常に多いため、これは朗報と言っていいだろう。ほとんどの大手アウトドア／スポーツ・ブランドは厳しい検査基準を設定しており、デザインや素材に絶えず改良を加え続けている。

・ディスカウント・ストア：T.J.Maxx（ＴＪマックス）、Ross Dress for Less（ロスドレスフォーレス）、Marshalls（マーシャルズ）など。およびアウトレットモール。ディスカウント衣料ストアやアウトレットは、良質なブランド製品をディスカウント価格で買える信頼の置ける場所だったが、それはもう昔の話だ。今ではほとんどが、工場ではねられた二級品やオーダーキャンセルになった製品を扱っている。つまり、製造はされたが店に出荷されるに至らなかった製品だ。[18] だが実はこういう店で売られている衣類のほとんどはその店のためにわざわざ企画して生産された低品質の製品であり、それを意図的にディスカウント品と称して販売しているのだ。アウトレットやディスカウント・ストアで品質のよいものに出会えることもたまにはあるが、よく気をつけて品質チェック早見表に照らし合わせてみた方がいい。どこで買うときも、「メーカー希望小売価格」には注意が必要だ。大幅に値下げされている場合は特にそうだ。実は値下げされた価格の方が実際の価格で、お得感を煽って惑わすことが往々にしてある。[19]

・**デザイナーズ・ブティック**：地元のブティックは質の高い独立系デザイナーの服を買うには理想的な場所だ。そういう店で買える一点ものは、多少高くてもその金額に見合う価値が絶対にある。ただ一見かわいい品揃えの小さなブティックの中には、ファストファッション・ストアや量販店で売っているのと変わらないポリエステルのドレスや合成皮革のブーツを結構な値段で売っているところがあるので気をつけた方がいい。全国チェーンではない地元のブティックを利用するのは大切なことだが、品質が価格に見合っているかどうかを確認する必要はある。ここでもやはり品質チェックを！

・**高級ブランド**：ヴェルサーチェ、グッチ、バレンシアガ、プラダなど。こういった最高級ファッションブランドは、生地の質においても仕立ての技においてもまさに別次元にある。その派手な宣伝と仰々しいロゴに近寄りがたさを感じてしまう人は多いかもしれない。だが自分には無理と遠ざける前に、まず一度その優れた職人技を体験してみよう。ユーズドのアルマーニのスーツとヴェルサーチェのブレザーは、私の持っている服の中でも最もゴージャスなアイテムとして大のお気に入りだ。また高級ブランドの衣類はその優れた品質のため季節に左右されない。シーズン最終セール、アウトレット・サイトで格安で手に入れるのも一つの手段だろう。だがいちばん安く手に入れる方法は古着を利用することだ。正規の値段の数百から数千ドル〔数万から数十万円〕も安い値段で最高級ブランドのアイテムを手にすることができる。

・**コンシャス・ファッションブランド**：ほとんどのコンシャス・ファッションブランド（コンシャス・ブランドの定義と探し方については第20章参照）ではそのブランドの理念として高品質の製品を作り、よりサステイナブルな世界を目指してファストファッションに対抗している。すばらしい理念を持ったコンシャス・ブランドはたくさんあるが、そのほんの一例を挙げておこう。アイリーン・フィッシャーは非常に上質で長持ちする天然素材を使うことで知られているし、ＰＡＣＴ（パクト）ではオーガニックコットン一〇〇パーセントの柔らかくて長持ちする下着を作っている。Brother Vellies（ブラザーベリーズ）とMara Hoffman（マラ・ホフマン）はエコな素材を使ってデザイン的にも機能的にも非常に優れた服を提供するブランドだ。

これでどこで買い物する時も、予算がいくらでも、上質な服を買う技が身についたはずだ。「持たない技術」を実践するのに品質を求めることは欠かせない。上質な衣類を買うようになれば、自然と買う量は少なくなる。自分が今持っているものを一〇〇パーセント満足して着こなすことができていれば、それ以上買いたいという気持ちは起こらないのだ。上質なものを手に入れることは、無駄な消費を抑え、地球を救い、同時に自分のクローゼットを整える一石三鳥の方法だと言える。

第10章　よい靴の買い方

今でもちゃんと地に足をつけてるわ。
履いてる靴は前より上等だけど。
——オプラ・ウィンフリー

私は衝動買いの勢いにかられて七ドル〔約七〇〇円〕の靴を一気に七足買ったことがある。あまり自慢できる話ではない。どうせすぐダメになることがわかっていたから、予備の靴をたくさん買い込み、一足ずつ履きつぶしてはゴミ箱に捨てていった。

靴製造業は環境に多大な影響を与える。毎年七億トンの炭素を排出するが、これは七六万五〇〇〇ポンド〔約三四七トン〕以上の石炭を燃やすのと同じ数値だ。[1] 合成ゴムからクロムなめしの革に至るまで、靴の素材の多くは生分解せず、リサイクルも難しい。中には有毒な成分で作られている素材もある。どんなに安い靴でも、もっとサステイナブルで害がなく、リサイクル可能あるいは生分解可能な素材で作られるべきだ。そして消費者はできる限り持ちのよい靴を買うことにより、その実現を手助けすることができる。質のよい靴は見栄えも履いた感触も安物よりはるかにすばらしく、長い目で見れば節約にもなる。ではよい靴を買うための確認ポイントを見ていこう。

- **靴の重さはどうか。**上質な靴は頑丈に出来ており、したがってそれなりに重みもある。不格好だったり、硬くて柔軟性がなかったりする靴は言うまでもないが、あまりにも軽すぎる素材も品質がよくないことの証拠であり、履きごこちが悪かったり壊れやすかったりする。スニーカーは軽く履けるようデザインされているが、ドレスシューズやカジュアルシューズは少し頑丈なくらいの方がいい。

・**素材は何か。**足には呼吸が必要だ。レザー、コットンなどのキャンバス地、また合成繊維の中にも通気性の高い素材はある。同時に靴の素材は耐久性が高く、弾力性があり、さまざまな悪条件に耐えなければならない（泥、水、塩分、雪など）。軽量ランニングシューズのほとんどに織物の合成素材が使われる一方で、その他のタイプの靴にはレザーが使われる場合が多い。レザーは成形しやすく、耐久性が高く、弾力性があり修理もしやすい上に見栄えもそれほど劣化しないからだ。本革は合成皮革よりかなり長持ちするが、それも道理で、合成皮革の靴はポリウレタンをキャンバス地の土台に貼り付ける場合が多く、そのため欠けたり割れたりしやすいし、修理も難しい。よいレザーのドレスシューズはソールが取替え可能で、五年から一五年は持つ。また上質なランニングシューズの走行寿命は三〇〇から五〇〇マイル[2]〔約四八〇から八〇〇キロ〕。スポーツシューズについては自分の運動の目的に合わせることが大切なので、店員にアドバイスしてもらうか、ネットで最も耐久性のある靴を調べてみるといい。

　動物性素材を使わない靴を探す場合は、PVC（ポリ塩化ビニル）合成皮革製は避けること。この素材にはフタル酸エステルが含まれ、製造工程で内分泌撹乱物質であるダイオキシンを排出するからだ。[3] 動物愛護を掲げるメンズウェアのブランド、Brave GentleMan（ブレイブ・ジェントルメン）のデザイナー、ジョシュア・カッチャーによると、高品質のポリウレタンを探すには靴の内側を見て合成皮革が貼られている土台を調べるといい。「もっとも耐久性があって長持ちするヴィーガン・レザー（非動物性合成皮革）は、伸びや摩耗のテストで本革よりも優れた結果を出します。また人の肌に似た不織布の土台に貼られています」とカッチャーは言う。[4] 液体コーティングしたキャンバス地のような土台はダメになりやすいので避けた方がいいとのことだ。第18章では、プラスチック由来ではなく生分解する自然由来の合成皮革のもたらす革新について、詳しく説明している。

- **組み立て技術はどうか。** 表面のステッチはまっすぐで整っていなければならない。すべてのパーツが丁寧に裁断され、均等に縫い合わされているかどうか確認する。高級ドレスシューズならソールは靴の上部に縫い付けられており、時にはインソールも縫って留めてある場合がある。ただしそれは超高級品の話で、大量生産の場合は接着剤で貼り付けられており、その接着剤も弱いものから強力なものまでさまざまだ。接着剤がはみ出していたり、目に見える部分に出ているような靴は買うのをやめておこう。スピード生産される低品質の靴である証拠だ。ソールの先を上部からはがすように引っ張ってみて、しっかり接着されているか確認する。また靴用接着剤（私はShoe Goo〈シューグー〉というブランドのものを使っている）をつねに手元に用意して、ソールがはがれたり、ゆるんだパーツやインソールを貼り直したり、スニーカーのソールに開いた穴を埋めたりするのに活用しよう。
- **留め具のチェック。** ファスナー、バックル、靴ひも、ゴムなどの留め具の品質にも気をつける。安い靴でいちばん先に壊れることが多いのが留め具だ。ソールがすり減るよりも先に留め具部分がダメになると、修理ができなかったり高くついたりして結局ムダ遣いになる。
- **内側もチェック。** 靴の内側（開口部とインソール）も、外側と同じように美しく仕上げられていなければならない。内側の継ぎ目とパーツが足に当たらないよう、きれいに平らに縫い付けられているかどうかチェックする。またインソールを押してみて、弾力性がありしっかりパッドが入っているかどうかも確認する。これが履きごこちのよさを決める重要なポイントになるからだ。

・**ソールは特に念入りにチェック。**一般的に言って、厚いレザーソールやラバーソールでスタックヒールの靴がいちばん長く持つ。上質な靴を買うときは、ソールが交換可能かどうか確かめること。六ヶ月しか持たないか六年持つかの違いはかなり大きい。デザイン的にソールの薄い女性もののヒールやフラットシューズを買うときは、靴修理の店で保護用のハーフソールやフルソールをつけてもらって耐久性を高めるといい。

・**試し履きしてサイズをチェック。**どんな靴を買うときも、必ず試し履きに時間をかけて自分に合ったサイズを選ぶこと。服と違って靴のサイズが合わないのは本当にどうしようもない。

よい靴はいくらで買える？

お答えしよう。よい靴を買うのに一〇〇〇ドル〔約一〇万円〕も出す必要はまったくない。一流ブランドで売られている家賃よりも高い靴は、たしかに最高級の素材を使い職人技で作られているが、その値段にはブランドネーム料がかなり含まれている。何年も持つ本当に上質なレザーのドレスシューズは大体一〇〇ドル〔約一万円〕ぐらいから十分買える。こういった靴は何度も繰り返して修理でき、その値段以上の価値は必ずある。カジュアルな普段履きの靴やスポーツシューズなら、もっと手頃な値段で手に入るだろう。賢く買い物をする方法を知っていれば、上質な靴をもっと安く手に入れることもできる。靴だって普通の店で、定価で買う必要はない。私の持っている上質なレザーブーツのいくつかは、リサイクルショップで二〇ドル〔約二〇〇〇円〕以下で手に入れたものだ。ソールの貼り直しはしたが、これからまだ何シーズンも履ける。今の私は、使い捨ての七ドル〔約七〇〇円〕の靴七足（すぐに壊れて埋め立て地行きになった）に払ったのと同じ値段で、何年も持つ上質な靴を手に入れることができるのだ。

第11章　ワードローブを組み立てる

さてこれでゴージャスで上質な服と靴を手に入れた。あとはこれをワードローブというかたちで一つのコレクションにまとめあげればいい。ワードローブとは高度な戦略のもとに選んだ衣類の組み合わせのこと。ひとつひとつのピースがワードローブ全体のレベルを高める。どの一枚をとっても明確な目的があり、どんな色や形でも他の服とうまく組み合わせることができるワードローブを持っていれば、人生のどんな場面もおしゃれにカッコよく乗り切っていける。

私のかつてのファストファッションだらけのクローゼットは、まったくワードローブとは言え<u>な</u>かった。色も柄もトレンドもバラバラ。だがワードローブ組み立ての基本を学んでから、かつてはストレスでしかなかった服選びのプロセスがすごくラクになり、かつ楽しいものになった。今ではテレビのインタヴューに答えるときも、ファッション・カンファレンスに出るときも、友だちと飲みに行くときも、クローゼットに手をのばして、なんの迷いもなくぴったり合った服を選び出すことができる。ワードローブの組み立ては「持たない技術」の最終到達点なのだ。このワザがあれば、あなたの服選びはつねに自分のクローゼットの中（今自分が持っているもの）だけで完結するからだ。そうなればどんどん新しい服を買い続けなきゃ、というプレッシャーに悩まされることもなく、自分の持っている服を愛着を持って着つづけることができる。美しく組み立てられたワードローブは、人生で得られる最高の喜びだと私は思うのだ。

ワードローブ組み立て四つの基本

すでにクローゼットの大そうじのところでいくつかとりあげたので、季節ごとに不要な服をカットし、他に合わせようのない服を追放し、流行りものの服を整理したあなたのクローゼットから余分な服はなくなっているはずだ。次に実践していくのはワードローブ組み立ての四つの基本。ここから詳しく見ていこう。

1 自分の色を決める。 ファストファッション大好き人間だったころの私は、キラキラして目につくものなら何でも買い込んでしまう収集癖があった。たぶんそういう人はたくさんいると思う。以前のクローゼットには二〇以上の色味がひしめきあい、そのどれもが喧嘩しあってお互いを補い合ったりせず、私自身を引き立ててくれもしなかった。本当によいワードローブは厳選された数色を中心に組み立てられている。その色はあなたの肌や髪の色と相まって非常に組み合わせやすいものばかりだ。いったん自分のワードローブをベーシックな色のセオリーに従って組み立ててしまえば、魅力的なコーディネートを考えることは驚くほど簡単にできてしまう。この「あなた自身の色」は流行に左右されない、あなただけの時を超えた財産だ。ファッション業界が繰り出してくる宣伝文句、今シーズン流行の色と称するものはスルーして、本当に自分を美しく見せる色を選ぼう。

ネット上にはさまざまなカラー診断や色見本があって、濃淡や彩度に至るまで細かく吟味して自分に合う色を選ぶことができる。たとえば、ネイビーだとパッとしないけど、空色だと最高に似合うし、さらにそれを白とコーラルピンクか濃いめの赤と合わせればすばらしい効果が出る、といったこともわかったりする。コツは互いに合う色どうしを選ぶこと。私のワードローブは五つのメインカラーを中心に回転している。私の中立カラーは黒、クリーム、キャメル。この三色はどれもアクセントカラーの鮮やかな黄色、赤とよく合う。さらに藤紫と黄色味のある濃緑の服もいくつかある。この先、時とともに多少色の範囲を広げていくことはあるだろうが、ぶつかり合って私を引き立ててくれない色の組み合わせに戻ることは二度とないと思う。

2 似合うシルエットを探す。

服の魅力を決めるのはフリルでも派手な柄でもない。形とシルエットだ。考えてみてほしい。クローゼットの中にあるのがすべて自分の体にぴったりフィットして最高の魅力を引き出してくれる服ばかりだったとしたら、どんなに幸せな気分になれるだろうか。お店で私たちを誘惑してくる流行の服にも、さほど惑わされることはなくなるだろう。

実はこの項目が四つの基本の中でいちばん難しい（決まるまでに少々時間がかかるはず）。だが近道はある。現代では形とシルエットの組み合わせはそれほど多くない。要はネックライン、袖の長さと形、ウェストの位置（ミドル／ロー／ハイ）、裾の長さの組み合わせなのだ。そこから服全体の輪郭とシルエットが決まる。体にピッタリしているか、直線的なラインか、フレアーか、ゆったりとしたドレープがあるか、などなど。どのファッションブランドのサイトのページを見ても、そういう数種類のシルエットが並んでいるのがわかるはずだ。

自分に似合う形とシルエットを知るということは、つまり自分を本当に引き立たせるネックライン、袖の長さ、ウェストの位置、裾の長さを知るということだ。それがわかれば、自分の体にいちばん合った全体のシルエットがおのずと決まってくる。他のことは気にしなくていい。私のワードローブを例に挙げてみよう。ネックラインについては、私にいちばん似合うのはボートネックかクルーネックかタートルネック。Vネックとスクープネックは似合わない。袖は長袖かノースリーブかキャップスリーブで、七分袖はダメ。シルエットは体にピッタリしたものより、ボックススタイルか直線的な形のものが似合うので、全身ゆったりしたドレープのある服はめったに着ない。裁ち方とシルエットについてさらに詳しく述べた本に、ティム・ガンの『誰でも美しくなれる10の法則』〔ケイト・モロニーとの共著、宝島社、二〇一一年〕とアリソン・フリーアの"How to Get Dressed"があるので参考にしよう。

3 「イエス」よりも「ノー」。 買い物に行けば、膨大な数のファッションが雪崩のように押し寄せてくる。だがそのほとんどが私たちには似合わない。自分に合った色とスタイルとシルエット、そしてファッションスタイルを忠実に守り、完璧に似合う服だけをワードローブに入れよう。つまり、服を買うときは「イエス」よりも「ノー」を多めにするのだ。そうすれば今後ワードローブに入れる服を買うときにずっと気分が楽になる。自分に似合わない服、他と比べてあまり自分を引き立ててくれるとはいえないタイプの服は全部無視すればいいのだから。自分に似合うシルエットと色のリストに照らし合わせて私が「ノー」というのはラップドレス、クロップト・ジーンズ、エンパイア・ウエスト・ドレス（ハイウェストで絞りそこから裾へ広がるシルエットのドレス）、茄子紺の服、細いストラップのついた服。リストはまだまだ続く。こういう無用な選択肢を除外することで、自分のワードローブに入れたい服を選ぶのはずっと簡単になる。

4 自分のファッションスタイルを磨く。 自分のファッションスタイルって？ 特に難しく考えることはない。この広大なファッションの世界の中で、いちばん自信を持ってここちよく着られる服のタイプを知っておけばいいのだ。着ていていちばん自分らしいと思える服はどれだろう？ クラシックな服、それともトレンディな服？ フェミニンな服、それともユニセックスな服？ かっちりした感じ、それともゆるい感じ？ とがった感じ、それともお行儀いい感じ？ 自分じゃよくわからないという人は、親しい友だち何人かに聞いてみるといい。好みのスタイルというのが必ずはっきりあるとわかるはずだ。ひょっとしたらそれは、今あまり整っていないあなたのクローゼットの奥の方に埋もれているかもしれない。自分のスタイルがきちんとわかれば、流行の波にさらわれることもなく、誘惑に負けず、本当に自分に似合うものだけに的を絞って買い物をすることができるのだ。

ファッションスタイルを磨く上でのちょっとしたヒントをいくつかお教えしよう。自分のスタイルをしっかり持っている人たちは、何よりもまずスタイルを磨くことを優先し、それに多くの時間をかけている。スタイルとは生まれ持ったものではなく、時間をかけてつくりあげていくものなのだ。またファッションスタイルは、これまでに見てきた自分に似合う色とシルエットによってほぼ決まると言っていい。ファッションスタイルはいわば旅のようなもの。よりよいワードローブを組み立てるために時間と意識をたくさん費やせば費やすほど、より深く自分のファッションスタイルを理解し磨き上げていくことができる。だから今すぐきちんと理解できないからといって焦る必要はまったくない。

他にも、楽しみながら効果的に自分のファッションスタイルを磨ける方法がいくつかある。たとえば定額ファッションレンタルサービスに一、二ヶ月登録してみる。アメリカでは Le Tote（ルトート）、Gwynnie Bee（ウィニー・ビー）、Rent the Runway（レント・ザ・ランウェイ）などがあるし、あなたの国にも同様のサービスがあると思う。そこでいろんなパターンの服を借りて家で着てみて、済んだら全部送り返せばいい（レンタルについては第16章参照）。また休日にいろんな店に出かけていって試着をしまくり、さまざまなスタイルの服を着て自撮りしてみる。写真に撮ることで、何が自分に似合って何が似合わないか、少し距離を置いて客観的に見ることができるはずだ。そして最後に、できる限り時間をとってファッションスタイル磨きに関する雑誌やブログ、本などを読むこと。私がここに書いたよりももっと詳しく洗練された知識を得ることができる。たとえば“Harper’s Bazaar Fashion: Your Guide to Personal Style”、ティム・ガンの『誰でも美しくなれる10の法則』、アンドレア・リネットの“The Cool Factor”、ステイシー・ロンドンの“The Truth About Style”などが私のお気に入りだ。

コア・ピースを選ぶ

さて四つの基本が理解できたところで、次はコア・ピースとアクセント・ピースの選択だ。ワードローブの中心になる基礎がコア・ピース。手持ちの他のどんな服とも合わせられる、守備範囲の広い主力選手だ。このコアアイテムにはあなたに合った色とシルエットとファッションスタイルが色濃く反映される。色や柄については、他のものと合わせやすい中間色や単色の無地、またはストライプのような応用のきく柄が向いている。また形も他の服と重ね着しやすいもの（たとえばフリルつきの紫のトップスよりもクラシックな白のボタンダウンシャツ）がいい。とはいえファッションに決まったルールはない。大胆な色や柄をコアに持ってきても魅力的なワードローブを組み立てられる人はもちろん大勢いると思う。

・**何をコアに持ってくるかを考える。** 良質なブルージーンズでも、しっかりしたアンクル・ブーツでも、クラシックなボーイフレンド・カーディガンでもＯＫ。特に厳密なルールはない。あなた自身のスタイルに合った、あなた自身がときめきを感じ続けられる服。応用がきくと自分が感じ、何度でも繰り返し着たいと思えるような服を選ぶ。たとえば私のコア・ピースはまったくトラッドではない。ワニ革プリントのレザー・ペンシル・スカート、ヴィンテージの黒のボディースーツ、スパンデックスのミニTシャツ、ヘビ革のアンクル・ブーツ。赤いコア・ピースもいくつかある。コアだからといって退屈で無難なアイテムをそろえる必要はないのだ。

・**自分の幅を広げよう。**特にコア・ピースを選ぶ際にはまりやすい落とし穴が、ジーンズとトップスの組み合わせばかりといったワンパターンに陥ってしまうこと。どんなにかわいいトップスやスキニー・ジーンズをたくさん持っていたとしても、ジーンズとトップスはあくまで一つのスタイルでしかない。もっと幅広い形やシルエットのコア・ピースを選べば、あなたのワードローブははるかにバラエティに富んだものになる。たとえばスキニー・ジーンズの代わりにワイドパンツやクロップトパンツを選んでみる。上下セパレートのパターンばかりになっていたら、他と合わせやすい色のワンピースやジャンプスーツを探してみる。ミニスカートばかりはいているなら、ミディやマキシ丈にも挑戦してみる。色で冒険してみてもいい。コアアイテムはグレーとかブラウンなどの地味な色でないとダメと考えている人はたくさんいると思うが、そんなことはない。多少派手でも他と合わせやすければパンツや靴にビビッドな色を持ってきても全然かまわない。私のコアアイテムには真っ赤なパンツがあるが、びっくりするほど着まわしがきく。

・**コアアイテムのレベルアップをはかる。**コアアイテムの選択が今ひとつうまくいかず、何かが足りないと感じてしまうのもよくあるケース。そんなときはもっと上質な生地を使ったものや、細かいデザインに凝ったものを探してみよう。ただし着まわしがきくかどうかに必ず気をつけること。クローゼットの他の服と合わせづらい服をいきなり選ぶのはやめておこう。ここで真価を発揮するのが、少し前に学んだ「質のよいものを買う」テクニックだ。重ね着用に買ういつものベーシックなタンクトップの代わりに、クラシックなシルクの袖なしブラウスか、シルクやリネンのキャミソールを買ってみる。織物加工を施した一着を加えて、コア・ピースあるいはワードローブ全体に変化を与えるのもいい。コーデュロイ、ツイード、スウェード、リネン、フランネル、厚手のニットなども面白い。いろんな風合いの生地を組み合わせることで、新しいスタイルが生まれる。トラッドなペンシル・スカートはちょっと堅苦しくなりすぎるが、レザーのペンシル・スカートならほどよくオシャレに見える、といった感じだ。私はつねにより完璧なピースを探しながら、自分のコアアイテムのレベルアップを続けている。

アクセント・ピースを選ぶ

アクセント・ピースとはコア・ピースにさまざまな色や柄、光沢、明るさを加える衣類や靴、アクセサリーのこと。アクセントが加わることで、ワードローブは生き生きと輝きだす。もちろんあなたに合った色とファッションスタイル、形とシルエットの中から選ぶのだが、ワードローブ組み立ての際にこだわってきた実用性から少し離れて、あなたのクローゼットに楽しさをもたらすスパイスのような存在と考えてみよう。コア・ピースほど着まわしがきかなくてもいいし、それほど出番は多くなくていい。だがワードローブになくてはならないものであることに変わりはない。

効果的なアクセント・ピースを選ぶには、人目は引くのだがそれ自体はあまり主張しすぎないアイテムを探すこと。たとえば以前私のクローゼットにあった、コンペイトウ模様の紫色のフリルつきトップス。派手すぎて合わせられるパンツが一枚しかない、典型的なファストファッション・アイテムだ。アクセント・ピースに選ぶなら、色または柄またはデザインのどれか一つが際立つものにすることをお勧めする。目を引く特徴はどれか一つに絞った方が、ずっと合わせやすくて自分らしいワードローブローブが作れるだろう。といっても退屈な服を選べということではない。たとえば今私のワードローブにはクラシックなデザインの紫色のモヘアのブレザーがあるが、合わせ方によって驚くほど抑えた着こなしもできるし、ワイルドに見せることもできるのだ。

もう一つのアクセント・ピースの選び方は、流行をうまくとりいれること。その時々の流行に上手に乗って、自分のファッションスタイルに合わせた使い方をするのだ。それだけで一時の流行に流されることのない、ワンランク上のワードローブにレベルアップする。たとえば最近流行のローファーの形は、どちらかというとユニセックスな私のスタイルにぴったりハマっている。それで今シーズン私はローファーを二足買ったのだが（一足はエナメル革の黒、一足はオレンジ）、ローファーの流行が過ぎ去ったあともこの二足はずっと私のお気に入りとして履き続けていけるものだ。

主菜と副菜のルール

デザイナーのマイケル・コースの言葉を借りると、「持っている服のうち、主菜の占めるべき割合は七〇パーセント。あとの三〇パーセントは飾りや付け合わせ――つまり色、パターン、光沢、アクセサリー、そういったものだ」。ワードローブをうまく機能させるためには、コア・ピースとアクセント・ピースの割合に気を配る必要があるのだ。私たちはついついデザートの割合を多めにしたくなってしまう。でもその誘惑に負けてはいけない。本当に自分の持っている服を一〇〇パーセント活用したいなら、やはり着まわしのきくコア・ピースに重点を置き、アクセント・ピースは少なめにすべきだ。定番の割合はコア・ピース三分の二に対しアクセント・ピース三分の一、あるいはコア・ピース七〇パーセントに対しアクセント・ピース三〇パーセント。私はトラッドタイプなので、これくらいの割合がいちばんピッタリくる。ミニマリストタイプならもっとコア・ピースが多くなり、九対一ぐらい。逆にスタイリッシュタイプならコア・ピースの割合はぐっと下がるだろう。だがスタイリッシュタイプの人にも、ワードローブの中心となるコアアイテムとアクセントアイテムの理想的なバランスというものは必ずある。そのバランスを整えた上で、トレンドアイテムを借りたり古着を買ったりすることを考えるといい（詳しくは第3部「持つ技術」参照）。

カプセルワードローブのつくりかた

カプセルワードローブとは、完璧に計画し、着まわしのきく服で組み立てたコンパクトなワードローブのこと。自分に似合うファッションのいちばん大切な部分を凝縮したエッセンスのようなもので、余分なピースは一つたりともない。カプセルワードローブのアイテム数は、少ない場合は一〇ほど、多い場合は三〇ほどだ。だが重要なのは数ではなく、着まわしのしやすさとはっきりとした方向性だ。例をあげよう。二六ピースの秋向けカプセルワードローブ。このワードローブを構成するのはカーディガン一枚、セーター二枚、トップス八枚、ボトムス五枚、ドレスとジャンプスーツ三枚、薄手のジャケット二枚、コート一枚、カジュアルシューズ二足、ドレスシューズ一足、ヒール一足。色はすべてコーディネート可能。いずれも他のピースと組み合わせることができ、どのコーディネートもあらかじめ注意深く考え抜かれている。

もしあなたがファストファッションの絶え間ない誘惑から逃れたいと考えているなら、カプセルワードローブのシンプルなコンセプトはあなたの人生を変え、時間を節約してくれる最高の選択肢だ。カプセルワードローブのコンセプト自体はもう何十年も前からあるものだが、最近また大きなリバイバルの波が起きている。たとえばアイリーン・フィッシャーはそもそもカプセルワードローブ用ピースのデザインから始まったブランドだが、今ではザ・システムという八ピースのカプセル・コレクションを提案している。またシーズンごとに自分のカプセルワードローブを念入りに（新しく買ったり持っている服の中から選んだりして）準備し、そのアイテムだけを着るという熱烈なカプセルワードローブ支持者も増えてきている。あなた自身のカプセルワードローブを組み立てるのに役立つヒントをまとめてみた。

・**ブログやSNSを参考にする。**本書ではすでにカプセルワードローブのブログをいくつかとりあげたが、まだ他にもさまざまなブログがある。ユーチューブで「カプセルクローゼット」で検索して他の人のカプセルワードローブの組み立て方を見たり、インスタグラムで #capsulecloset や #capsulewardrobe などのハッシュタグを検索してインスピレーションの元となる画像を探してみよう。またピンタレストでカプセルワードローブのサンプルや色見本、ショッピングリスト、その他のアドバイスをチェックしてみよう。

・**ワードローブ組み立てアプリを利用する。**あなたのワードローブ組み立てを手伝ってくれるアプリがある。このアプリはカプセルワードローブ作りにも役に立つ。私が使っているのはクラッドウェルというアプリ。本書の執筆時点で、他にも Stylebook（スタイルブック）、ClosetSpace（クローゼットスペース）、Pureple（ピュアプル）などが同じようなワードローブ組み立てツールを提供している。こういったアプリは、ストック写真や自分の服の写真を使って、カプセルワードローブ作りや新しいアイテム購入時のヒントを与えてくれる。クローゼットにある服を実際に組み合わせてみるよりも、こういったアプリを使った方がかなり時間を節約できる。

カプセルワードローブのかしこい使い方

カプセルワードローブを自在に使いこなすのはちょっとハードルが高すぎると感じる人もいるだろうが、他にもさまざまなアイディアがある。いくつかヒントを挙げてみよう。

・**ワードローブの中心に。**カプセルワードローブのテクニックを使って、ワードローブの中心に他のどの服とも合わせられるコンパクトなカプセルをおく。私自身が実践しているのがこのテクニックだ。

・**スタイリッシュタイプ向けへのヒント。**まずコアになるカプセルワードローブを作り、それ以外のものはリセールに出すこと。そしてトレンドアイテムをレンタルしたり季節ものを古着で買うことにすれば、流行も取り入れられるしクローゼットをつねにスリムに整えておける。

・**仕事や旅行には。**カプセル作りのテクニックを利用して、仕事用、休暇用、出張用などの目的別にワードローブをまとめておく。私は講演出張用のカプセルワードローブをクラッドウェルのアプリ内に保存してある。すでにパターンが決まっているので迷うことなくスーツケースに荷物を詰められて、時間の節約にもなる。

・**ワードローブ組み立ての練習として。**カプセルワードローブの組み立ては、理想のワードローブづくりの基本を学ぶための練習に最適だ。持っている服の相性や、自分に似合う色・シルエット・形の組み合わせ方をじっくり考え抜くよい機会だと考えよう。ファッションダイエットの期間中にカプセルワードローブにチャレンジしていないなら、ここで一〇日間なり一ヶ月間なりフルシーズンなり、チャレンジしてみることを強くおすすめする。やり方については、ＳＮＳで#capsulewardrobechallengeなどのハッシュタグを検索するといい。

計画と管理――ワードローブを最大限に活用し、かしこく着まわすには

ここまででワードローブ組み立ての基本はおさらいできたと思う。ここからは実際にどう使っていくかという実践方法を学んでいく。当たり前のことだが、もっともすぐれたワードローブというのは実際に長い期間にわたって着られるワードローブだ。ワードローブとは繰り返しの使用に耐え、時とともに洗練されていくよう考えてつくりあげられた道具なのだ。たしかに完全にワードローブが整い、理想的なクローゼットが完成するまでにはしばらく時間がかかるだろう。だが整ったワードローブをキープし、その可能性を最大限に引き出す方法はある。そのツールをここでいくつか紹介したい。現代人のワードローブは数が多くなりがちだし、それをつねにクリエイティブに管理していくのはかなり大変な作業になる。適切に手を入れていくことが管理のカギだ。次のことに気をつけて、自分の服を最大限に活用しよう。

・**収納用品を見直す。**ワードローブを使いこなすためには、クローゼットのどこに何があるかきちんと理解し、いつでも取り出せるようにしておくことが必要だ。残念なことにたいていのクローゼットは暗くて狭く、あまり現代人のワードローブのことを考えて作られてはいない。棚やハンガーやフックやコートラックなど、もっと必要なものがあるか考えてみよう。私はクローゼットのスペースに加えて回転ラックを一台、靴とバッグ用にシェルフ・ユニットを一つ使っている。ウォークイ

ンクローゼットのお手軽版だ。クローゼット用ライトが欲しい？　こういった備品はすべてユーズドで手に入る。Craigslist〔クレイグスリスト：アメリカ最大の広告コミュニティサイト〕や交換アプリを見れば、無料で状態のいい中古品がたくさん出ている。

・整理整頓。クローゼットの整えかたは人によって千差万別だが、目標は同じ。つねに整頓されて使いやすく、どの服を着たいと思ってもすぐに手にとれる状態になっていることだ。お気に入りのファッションストアのように整った魅力的なクローゼットを目指そう。いくつか整頓のコツをあげると……同じ種類のアイテムどうしは一つの場所に収納し（トップスのみ、ドレスのみ、セーターのみでまとめる）、さらにトップスなどの大きなカテゴリーを色や袖の長さやカジュアル／ドレッシーといった細かいカテゴリーに分ける。また私の場合、生活のパターンによってもクローゼット内の場所を分けている。たとえば普段着はいちばん手前、イベントやファッション関連のワードローブは奥、といった感じだ。そして週に一度はクローゼット内の整理をしなおす。まったく着ていない服があったら、それは手前に出して目につくようにする。季節の変わり目にはシーズンオフになった服を収納庫かクローゼットの奥にしまい、次シーズンの服を整える。

・コーディネート・デーを作る。毎朝自分のクローゼットを眺めてインスピレーションが沸くのを待つのもいいが、もっと時間をかけずにワードローブを管理する方法がある。シーズンごとに一度（私は月に一度を心がけているが）コーディネート・デーを作って、クローゼットにある服をコーディネートし直し、新しい組み合わせを探すのだ。ノリのいい音楽をかけて気分を盛り上げよう。最近あまり着ていなかった補欠の服は、クローゼットから出してきて何かいいコーディネートはないか考えてみる。最近私はピンクのレザーのミニスカートを買ったのだが（私のカラーパターンには入っていない色だ！）、クローゼットにしまう前に何とか四通りの着かたを考え出した。ハッシ

ュタグ #outfitbuilding をつけてコーディネート・デーの成果をみんなに見てもらおう。

・**ルックブックを作る。** 友だちにいろんなコーディネートをした自分の姿を撮ってもらうか、鏡を使って自撮りする。プリントしてフォルダーにまとめ、自分のルックブックを作ろう。このアイディアを教えてくれたのは、非常に才能あるクリエイティブディレクターであり個人向けスタイリストでもある友人、フェリシア・ジョカス。ここで撮る写真は完璧でなくていいし、インスタ映えしなくてもいい。ただコーディネートの雰囲気がざっくりつかめればいいのだ。写真にはそれぞれ、仕事、SNS、フォーマルイベントなど、どんな場面にいちばん似合うコーディネートなのかを書き込んでおく。それってちょっと大変そうと思うかもしれないが（実際けっこう大変なのは事実）、これをやっておくと後々驚くほど役にたつ。最近パネルディスカッションに出たときも、コーディネートを決めたのは当日になってからだ。ルックブックのおかげで、私は数分のうちに洗練された全身コーディネートを身につけることができ、会場でも多くの人にお褒めの言葉をいただいた。また服がすぐに決まったおかげで、メイクとヘアに充分時間をかけることができた。

・**コーディネート・アプリを利用する。** 自分のワードローブを把握し、新しいコーディネートのヒントをつかむのに役にたつヘルプをアプリに求めるのもありだ。どのファッションタイプの人にも、クラッドウェル、スタイルブック、クローゼットスペースといったワードローブ管理アプリを使うことを強くお勧めする。そのアプリに自分のワードローブの中のアイテムをすべて登録し、毎日着ているもの（着ていないもの）を記録してコーディネートのヒントをもらうのだ。こういったアプリはたいてい自分のワードローブの中からコーディネートのアイディアを提案してくるので、しばらく着ていなかったアイテムを着る機会を作ってくれる場合もある。友だちに会うときにも仕事の打ち合わせにも、アイディアがなかなか浮かばなくて最後の最後にクラッドウェルに頼ったことは数え切れないくらいある。また、ちょっと合わせづらいアイテムをシックに着こなす方法を探すためにアプリを使うこともある。アプリのバーチャル・ワードローブに登録する写真はあらかじめ用意されているものを利用してもいいが、自分で撮った自分の服の写真の方がずっと大きな効果が得られるだろう。

・**プロに頼む。**もちろん自分だけの力で十分整ったワードローブを組み立てて管理していくことはできる。だがプロのクローゼット・オーガナイザーや個人向けスタイリストなら、あなたを正しい方向に導いてくれるし、より優れたアイディアを提案してくれる。住む地域や経験のレベルによって料金はさまざまなので、予算と希望に合ったプロを探そう。プロがあなたの持っている服をクリエイティブに着こなす方法を教えてくれるのだから、長い目で見ればかなりのお金の節約になるはずだ。

第12章　よいものを少しだけ買う

本当に素敵なものだけを買いなさい。
——ニーナ・ガルシア

「持たない技術」の中に買い物に関する章があるなんて、ちょっとびっくりかもしれない。でも読んでいけばわかるように、上手に買い物をすれば無駄なお金を使わずに済むし、自分のワードローブに合った服を吟味して選ぶようになる。古着の仕分けをしてみて本当に驚いたのは、タグが付いたままの新品や、ほとんど着た形跡のない新品同様の服があまりにも大量に古着としてリサイクルに出されてくるということだった。私が仕分けを一緒にやっている友人とざっと見積もったところで、こういった新品あるいは新品同様の服は、私たちが毎週処理する寄付された衣類一〇〇〇ポンド〔約四五〇キロ〕のうち少なくとも三分の一を占めているのだ。

この状況を裏付けるデータもある。二〇一五年のある調査によると、イギリスの消費者の三分の一が、たった三回着ただけでもうその服を着なくなってしまうという。[1] 同じくらいショッキングなのがアメリカの消費者の調査で、私たちのクローゼットの三分の一が、一度も着ていない服や一年以上着ていない服に占領されているのだという。[2] そこで私は思うのだ。こういう無駄な買い物を全部なくせば、私たちのファッションは確実にレベルアップする上、お金も相当節約できるのではないだろうか？　買ってきたら袖を通すのが待ちきれないような服だけを買うことにしたら？　クローゼットが空っぽになっちゃう？　そんなことはない。クローゼットはずっとスッキリ、しかもずっとステキになるはずだ。買い物のペースを落として、より賢く、注意深く、満足のいく選択をしよう。特に難しい努力は必要ない。買い物で「持たない技術」を実践する方法を次にまとめてみた。

・**値段に惑わされない。**なぜ着ない服を買ってしまうのか。そのいちばんの理由はセールだから。あるいは少々の欠点に目をつぶれるほど激安だから。[3]値引きについ釣られてしまうことは誰にでもあることだが、もっと真剣にこの値段のカラクリについて考えた方がいい。マーケティング担当者は値段を設定するのに、私たちの脳の本能的な部分を刺激して、これから買おうとするものの「認知評価」を妨げるような価格を考える。[4]だから私たちは値札を見た瞬間、完璧に自分に合った服を買おうという固い決意をいとも簡単にひるがえしてしまうのだ。服を買うときは、できる限り値札を見ないで我慢する。見るのは生地、色、デザイン、品質、サイズといった基本のチェックが済んでから。そして最後に値段を見たら、自分に訊いてみる。もしもこれの二倍あるいは定価だったとしたら、それでもこの服を欲しいと思うか？　と。

・**安物は高くつく。**もちろん安いものを買えば、とりあえずお金の節約にはなる。だが安く買ったものはその値段分しか大切にできない。ジャーナリストのエレン・ラペル・シェルが『価格戦争は暴走する』〔筑摩書房、二〇一〇年〕で書いている説によると、私たちはセール品を、定価で買った品より価値も効果も耐久性も劣っていると考えがちだという。[5]安値で買ったものは大切にしないから余計に持ちも悪くなるのだ！　セール品や値引き品を買うときは、品物自体をよく吟味して、その品に価値があると思えるか、先々手入れして使っていこうと思えるか自問してみてほしい。たとえば私は最近五ドル〔約五〇〇円〕のワイヤレスブラを買ったのだが、一度つけただけでストラップが切れてしまった（実はこれも二度目の失敗だ）。だがすぐにゴミ箱に投げ捨ててしまおうという欲望に打ち勝ち、私は壊れたストラップを縫って修理したのだ。今ではこのブラはかなりのお気に入りになっている。

- **絶対に試着する。例外なし。**特に安いものこそ必ず試着する。安いからといって買って、サイズが合わなかったら返品するというのは時間とお金の無駄遣いだ。
- **爆買いしない。**一度の買い物で買うのは一つか二つまでにする。これには深い理由がある。物事を細かく分析する脳の処理能力は、考えなければならない事柄が多くなればなるほど急激に低下する。選択肢がありすぎると、人の脳はパンクしてしまうのだ。[6] この事実がもっとも証明されるのが、巨大ファストファッション・ストアやディスカウント衣料品チェーンで壁から壁までぎゅうぎゅうに並べられたカオス状態のディスプレイの中で買い物をするときだ。買うものを一度に一つか二つに絞れば、本当に自分の人生に必要な服を買うことができる。そして買ったアイテムを何度か着てみて、自分のクローゼットの中で収まる位置が決まるまで新しい服は買わないと心に決めよう。
- **買い物は計画的に。**私たちの服のほとんどは衝動買いしたものだ。自分の人生やクローゼットにどう収まるかということなどたいして考えもせずに買った服が、長持ちするわけがない。そして衝動買いの後に来るのは後悔。四四パーセントの人が衝動買いの後、残念な感情にとらわれたと告白している。[7] もちろん新たな発見こそが買い物の醍醐味だが、自分の立てた計画に沿ってクローゼットにきちんと収まるアイテムを選ぶことができれば、もっと満足を得られるはずだ。
- **買わなくてもＯＫ。**よい服にすぐ出会えるとは限らない。まあこれでいいかとそこそこのもので妥協するより、何も買わずにお店を出ることも大いにありだ。心の底から欲しいと思えるものに出会うまで待とう。買わずにお店を出るワザを身につければ、クローゼットをつねにスリムに保ち、自分の本当に好きな服しか入っていない場所にするための強力な武器を手に入れたことになる。

ワードローブのための買い物チェックリスト

もう少しワードローブをつくりあげるための買い物のヒントを見ていこう。新しい服を買う前には、クローゼットをざっと見渡して足りない部分や弱い部分を探しておく。色には不足はないが、形やスタイルに足りないものがあるかも、など。これから買おうとしているのは自分のチームのメンバーなのだ。他のメンバー全員と相性がよく、新たな組み合わせもたくさん生み出してくれそうな新メンバーを探そう。またもうすでに持っているものは買うのをやめて、新しいものに挑戦しよう！　次にあなた買い物のガイドとなるチェックリストをまとめてみた。ぜひ自問してみてほしい。

・このアイテムは私のファッションスタイルに合っている？　それとも実は誰か他の人が着ているのを見て、気に入っているだけ？
・このアイテムは私のカラーに合っている？　自分のカラーにない色なら、それに合わせた新しいコーディネートを組み立てられる？
・このアイテムは私に似合う形やシルエットのリストに入っている？
・このアイテムに合う服はどれ？　何通りの新しいコーディネートを考えられる？
・これと同じようなアイテムをもう持っていない？
・このアイテムに合わせる靴やアクセサリーを新たに買う必要がある？
・このアイテムをどこで何回ぐらい着る？　何度も着ないものなら、レンタルしたり人から借りたり古着を買うことを考えよう。

クローゼットの完成

こうしてワードローブの組み立てを続けていくうちに、ついにクローゼットが完成する日がやってくる。その地点に到達したとき、あなたの服はすべてが一つの完璧なまとまりとして機能し、あなたの人生に寄り添って幸福感と自信を与えてくれる。そのときにはその状況を思い切り楽しんで！　クローゼットの完成は、自分のワードローブに満足して心の平安を得られる、人生でもめったにない至福の瞬間だ。そこに到達できたら、「持たない技術」を完璧にマスターできたと言えるだろう。だがずっとその状態が続くわけではない。ワードローブは私たち自身と同じように、日々進化しつづける。ワードローブを見直すべき時はいつ？　体型の変化や転職、引っ越しもきっかけになるかもしれない。そしてもちろんファッションも変化しつづけている。だから新しい方向性を試したいと思う時が来るはずだ。それでも大丈夫。あなたはすでに、今持っているものを下敷きにして新たなワードローブをつくりあげる技術も知識も手に入れている。

さて「持たない技術」をマスターしたところで、次は地球を傷つけることなく、コンシャスでサステイナブルな方法でファッションとトレンドを楽しむ方法を見ていこう。スタイリッシュタイプの人たちにはお待ちかねの話題のはずだ。

第3部

持つ技術

The Art of More

スタイルとは特権ではない。
権利なのだ。
——ステイシー・ロンドン

第13章　地球にやさしくカッコよく

中国南部の縫製工場からケニアの広大な中古衣料市場まで世界中を旅してきたが、どこへ行ってもファッションを愛する人たちが必ずいた。広東の縫製工場では、若い女性従業員たちが週に一度の休みになると、かわいいジーンズを探しにショッピングに出かける。ナイロビでは若いデザイナーや中古衣料業者たちが、アメリカの古着のTシャツをカスタマイズしてストリートウェアに生まれ変わらせていた。イタリアのビエラでは何百年も続く羊毛産業界で織物会社を率いる実業家たちに会ったが、彼らは羊毛のフワフワの毛玉のことを、まるで熟練のソムリエが高級ワインを語るように熱っぽく語るのだ。ファッションはこれまで思ってもみなかったような方法で、さまざまな人や場所を私と結びつけてくれた。それは美しく、人間らしく、情熱を傾けるに足る娯楽だと言える。

それでも私たちはファッションの現状を変えていく必要がある。

ほんのここ一五年ほどの間に衣類の消費量は世界中で倍増し、それとともにファッションが環境に与える影響も増加してきた。[1] 現代の消費状況が恐ろしい量のゴミを生み出していることはすでに説明した通りだ。だが新しい服を製造する方法は全くサステイナブルではなく、とんでもない量の資源（特に水）や化学薬品・化石燃料を消費し、とてもこのまま続けていけるとは思えない。衣料の製造に使われる水の量は毎年二四兆ガロン〔約九一兆リットル〕。これはオリンピックに使われるプール三七〇〇万杯分にあたる。[2] そしてファッション産業は毎年、すべての国際線のフライトと海洋輸送が出す量よりもっと多くの地球温暖化を促進する二酸化炭素を吐き出し続けている。[3] ファッション産業の巨大化はとどまるところを知らない。このまま世界中の人々の所得が増加を続け、使い捨てを奨励するファッションの傾向が拡大しつづけていけば、衣料の消費は二〇五〇年までに三倍になると予想される。[4] もしも状況が変わらなければ、三〇年後にはファッションは世界のカーボンバジェット〔工業化以前から地球温暖化の気温上昇を二度未満に抑えるための予算〕全体の四分の一を占めることになると、エレン・マッカーサー財団は警告する。

買う量を減らし、何か買うときにはよく吟味することが何よりも大切だ。地球のゆくえは、ファッションの生産や消費をいかにサステイナブルに変えていくかにかかっている。それは思ったより簡単にできることなのだが、ブランドや市民や政府が一体となって、しかも早急に変化を起こしていく必要がある。ファッションをサステイナブルにしていくためのスタート地点は、私たちが着る服の素材を地球にやさしいものに変えていくこと。ファッションブランドは新しい服を作る際に使用する水を減らし、工場の規模を縮小し、有害な化学薬品や化石燃料の使用を少なくして、そのかわりに再生可能な資源、再生された資源、サステイナブルな資源を使っていかなければならない。第4部「サステイナブルなファッションへの手引き」ではこういった試みについてもっと深く掘り下げていく。

その前にこの第3部「持つ技術」で、私たちひとりひとりが日常レベルで実行していけるサステイナブルな消費プランを見ていこう。「持つ技術」ではファッションを私たちが買う製品としてではなく、借りたり利用したり楽しんだりできるサービスについて学んでいく。シェアリングサービスは、スレッドアップのようなフリマ・アプリやレント・ザ・ランウェイのようなレンタル会社の華々しい登場によって、誰でも利用出来るものになってきた。古着を買ったりレンタルしたりすることにより、服の寿命は大幅に伸び、貴重な資源が新たな服の製造に投入されるのを多少なりとも防ぐことができる。またファッションにまつわるお金事情について掘り下げ、その導入として、「持つ技術」の重要なポイントである古着やヴィンテージ品の買い方についても触れる。いくら安くても、買う回数が多ければ結局お金の節約にはならない。自分の服により賢く投資し、地球にも人にもやさしい望みのクローゼットを手に入れるための私なりの戦略をお教えしよう。あなたの望みは節約して上質なアイテムを買うこと？　それともつねにトレンドをとり入れてクローゼットを更新していきたい？　ファッションとは変化。ある意味、それはつねにより多くを手に入れることだとも言える。第3部ではとどまることのないファッションの動きを地球にも人にもやさしく楽しむ方法を解説する。

第14章　リセールの躍進

私は昔ながらの古着ショッピングが大好きだ。道端で見つけたガレージセールに入り込んだら何時間でも宝探ししていられる。だがリセールショッピングは、これまでのそういう古着ショッピングとはまったく違う。だからこそ「リセール」という新しい呼び名がついているのだ。プリマ・アプリやリセールストアの台頭は、伝統的なショッピングのありかたを全く新しいものに作り変えたと言っていい。そこで売られている服はスタイリッシュで状態も新品同様だ。ほとんど着られていないか、中にはタグのついたまったくの新品もある。スレッドアップやザ・リアルリアルといったサイトでは、返品も可能だし保証もついている。虫食い穴のあるカビ臭い時代遅れの服なんて、どこを探しても見つからない。たとえばあなたのいちばんおしゃれな友だちが、世界中のクローゼットから誰にも着られていないステキな服をセレクトして、一ヶ所に集めてくれたようなものと思えばいい。このリセール市場は、世界中に余った服があふれているからこそ存在できるものだ。同時にその有り余る服を減らしていくためのすばらしい解決策でもあるのだ。

リセール躍進の理由

私の持っている服の半分以上がリセール市場で買ったものだ。購入先はザ・リアルリアルやスレッドアップといったフリマ・サイトやイーベイ、あるいは世界中の委託販売専門店。こういう買い物のしかたは、今ではごく普通になってきている。アメリカで古着販売を利用した女性は、二〇一七年には前年度の四四〇〇万人から五六〇〇万人にはね上がった。この増加のいちばん大きな理由はフリマ・サイトの躍進なのだ。[1] リセール市場は、伝統的な小売業全搬が苦戦を強いられる一方で、急速に勢力を拡大しており、一〇年以内に売上高でファストファッションを追い越すだろうと言われている。[2]

古着を好んで買いたがる人というと、割引クーポンを握りしめたおばさま方や変わったファッション好みの大学生を想像する人たちがまだまだ多いかもしれないが、実はリセールショッピング利用者の一三パーセントが超のつくお金持ちなのだ。またファストファッションで育った若い子たちが古着なんて着るわけない、というのも誤った先入観で、あらゆる世代のうちでもっとも古着を買っているのがジェネレーションZ〔九〇年代後半以降生まれの世代〕なのだ。とにかく誰もがお値打ちに手に入れたいと思っているし、さらにますます多くの人たちが地球にやさしい買い物をしたいと考えるようになってきている。そのどちらの望みもかなえてくれるのがリセールというわけだ。リセールを選ぶ人が増えている理由をいくつかまとめてみた。

・**驚きの安さ。** とにかく信じられないような掘り出し物がある。フリマ・サイトの値段はいつでも定価の一〇〜九〇パーセント引きだ。セールを待つ必要もない。たとえば私はEquipment（エキップモン）の未使用のシルクトップス（定価一八九ドル〔約一万八九〇〇円〕）をスレッドアップで三四ドル〔約三四〇〇円〕（定価の八〇パーセントオフ）で手に入れたし、Vans（ヴァンズ）の新品の定番キャンバススニーカーをポッシュマークで三七ドル〔約三七〇〇円〕（三〇パーセントオフ）で買った。これでもまだピンとこない？　Swap.comで見つけた本革のスカートはたったの四ドル〔約四〇〇円〕だった。これだがこれまでで最高の買い物は間違いなく、ザ・リアルリアルで定価の七〇〇ドル〔約七万円〕オフで買ったプラダのエナメル・ローファーだ。あとMaterial World（マテリアルワールド）で一〇〇ドル〔約一万円〕で買ったPhoebe Philo for Céline（フィービー・ファイロ・フォー・セリーヌ）のショート丈タートルネックも、定価の八〇パーセントオフだった。

整ったクローゼットをつくりあげていく上で、こういったお得な買い物は大きな助けになる。ユーズドの服が買えなければ、私のクローゼットに今のように上質で地球にも人にもやさしいブランドがそろうこともなかっただろう。そして普段から節約しておくことで、必要な時にはたとえ高価でも欲しいものを思い切って買うことができるのだ。

・**宝探しの楽しみ。**ファストファッションは流行を安く手に入れられるが、買い物で宝探しをする楽しみはなくなってしまった。どの店にも似たようなアイテムしかなく、みんなが同じ流行を追いかけている。だがフリマ・サイトにはあらゆる種類のブランドとファッションがずらりとそろっている。本書の執筆時点で、ポッシュマークに並ぶ服は五〇〇〇ブランド、総計二五〇〇万アイテム。[3] どんな巨大ストアを探しても、そこまで幅広い商品をそろえているところはない。先入観を捨ててフリマ・サイトやリセール・ストアを見て回れば、必ず気に入る服が見つかるはず。普通の店で買い物するよりもはるかに楽しいショッピングの方法だと私は思う。

・**賢い消費者になれる。**リセール・ショッピングをする人たちは賢く買い物をする。どのブランドに価値があるか知っているし、自分のワードローブのために賢く投資する方法を知っている。安売り量販店やファストファッション・チェーンに使ったのと同じ、あるいはそれ以下の値段で、より上質なワードローブをお値打ちに組み立てることができるのだ。また中古衣料市場は高品質のブランドを高く評価するため、リセール・ショッピングに慣れた人たちは品質の良し悪しにも詳しい。そして買ったアイテムの価値を維持するため、自分の着るものを大事にする。そうやって服を長持ちさせる技に長けているということは、つまり地球に二倍やさしい消費者だということなのだ。

リセールが地球にも人にもやさしい理由

リセールの台頭により中古衣料がより簡単に買えるようになり、新しい服を作るのに使われる水・化学薬品・エネルギーが少しずつ削減されてきている。みんなのクローゼットの中の服半分が古着になったら？　エレン・マッカーサー財団によると、すべての服を今の二倍長く着れば、カーボン・フットプリントを今より四四パーセント削減できるという。[4]またスレッドアップが行った調査によると、ユーズド衣料を買うことにより衣類の平均寿命は二・二年伸びる。私たち全員がもっと積極的に買うようになれば、リセール市場はさらに使いやすく歓迎されるものになるはずだ。

ファストファッションは「ファッションの民主化」と呼ばれてきたが、今やその称号はリセール市場のものだ。かつては普通の人にはとうてい手の届かなかったデザイナーズものの高級で高品質な服を、誰もが格安の値段で手に入れられるようになったのだ。リセール・ショッピングの躍進によって人々はより長持ちし、より質の高いブランドに投資するようになった。なぜなら手の届く値段で買えるから！　さらに効率のよい中古衣料市場があれば、リセール（及びレンタル）で自社製品を何度も売ることができるようになるため、ブランドはもっと長持ちする服を作るようになる。これは新たな利益の流れを生み出す。アイリーン・フィッシャーではすでにこの仕組みを採り入れている。自社の古着販売専用サイト Renew や実店舗で、状態のよい中古の自社製品をディスカウント価格で販売しているのだ。私は Renew で買ったシルクのジャケットを持っているが、新品と比べて何の遜色もないし、値段は定価の三分の一だった。

要するにリセールは、ファストファッションに代表される使い捨て文化から、人々の目をもっとサステイナブルなものに向けていく力を持つ新たな勢力だ。流れはすでに始まっている。二〇一八年の調査によると、スレッドアップ利用者の五〇パーセントはＴＪマックスのようなディスカウント衣料品店から購入先を変えた人たちだ。[5] 多くの企業が繊維のリサイクルや、ファッションが環境に与える影響の削減に取り組んでいる。もちろんそうした努力も非常に大切だが、実はもっと簡単に問題を解決できる方法がある。より質の高い服を作り、生産数を減らす。そしてフリマ・サイトで流通させ、誰もが手頃な値段で上質な服を楽しめるようにすればいいのだ。

リセールで衣替え

どんなファッションタイプの人でもリセールを利用することで、みんな共通の悩みである資金不足から解放される。服を買ったはいいが二回着ただけでクローゼットの奥にしまいこむ、というのは誰にでもある後ろめたい過去だろう。リセールはそんな事態の発生をなくし、つねに買って着て売るという地球にやさしい循環を手頃な値段で繰り返していく。リセール生活に役立つヒントをまとめてみた。

・**買う前にリセール価格をチェック。**リセール価格については第5章で説明したが、もう少し役に立つアドバイスをいくつか。新品の定価がリセール価格を決めるわけではない。中古市場ではあまり高い値のつかないブランドもある。だからこれから買おうとしているブランドが需要が高いか、また元値に比べて高めのリセール価格で売られているか、きちんと確認しよう。たとえば本書の執筆時点で非常に需要が高く、他のブランドよりも定価に近い価格でリセールに出ているのはFrye（フライ）、Helmut Lang（ヘルムート・ラング）、Rag & Bone（ラグ&ボーン）、グッチ、ルイ・ヴィトン、Vince（ヴィンス）など。こういったブランドは投資価値が高い。Reformation（リフォーメーション）、アイリーン・フィッシャー、Everlane（エバーレーン）、Veja（ヴェジャ）、Elizabeth Suzann（エリザベス・スザン）などのコンシャス・スーパースター・ブランドのアイテムもリセール価値が非常に高い。だがリセール価格はつねに変わり続けているので、買い物をする前には必ず下調べをすること。

・**服のケアはていねいに。**売ることを頭に置いて、自分の服はつねに美しく新品同様の状態に保つようにする。服のケアに役立つヒントについては、第5部「一生モノを目指す」に詳しく書いた。

・**タグや箱・袋はとっておく。**服の内側についているタグ（サイズ、材料、ブランド名、取り扱い説明などが書かれているもの）はすべて捨てないでとっておく。チクチクして邪魔だと思う場合は取り除いてもいいが、売る前にまた付け直すこと。リセール品を買う人は、タグを見てその品質を判断するからだ。高級ブランド品なら靴箱や包装用の袋も保存しておこう。リセールの価値が上がるし、購入者が新品を手に入れたような気分になれる。

・**売り時を逃さない！**　時間はリセールではもっとも重要な要素だ。話題のブランドの流行のスタイルなら、勢いがありみんなが欲しがっているうちに売ってしまおう。ファッションは変わっていくもので、どんな流行も長続きはしない。ちょっと飽きたなと思ったらさっさと売って、他の誰かにその服を着る楽しみを渡してあげよう。

第15章　プロの古着ショッパーになる

私はいいチャリティー・ショップが大好き。
――ヘレン・ミレン

ベルリンからアメリカカンザス州ウィチタまで、ありとあらゆるところで古着ショップやヴィンテージショップを訪れてきた。グッドウィル・アウトレットの量り売りの古着が山と積まれた箱の前で、他の古着ショッパーたちと肘つきあわせて獲物を漁ったこともある。私が子供の頃には、古着ショッピングはまだあまり人に知られていない秘密の楽しみだった。だがもうおわかりだと思うが、自分だけのおしゃれでなおかつ地球にやさしいクローゼットをつくりあげるには、これこそがいちばんお金のかからない方法なのだ。私が古着ショップで手に入れたいちばんの自慢の獲物はというと、アーカンソーのジャンクショップで三五ドル〔約三五〇〇円〕で買ったヴィンテージもののグッチのバッグ。それにジョージアのフリーマーケットで見つけた七〇年代ヴィンテージのパッチワーク・コート。これはたったの二五セント〔約二五円〕だった。

古着ショップでお宝を見つけるには忍耐力と、幸運と、よいものを見分ける目が必要だ。だがそれこそが醍醐味なのだ。ほんの少し練習を積めば（もちろん多少の時間はかかるが）、誰でもプロの古着ショッパーになれる。古着ショッピングの冒険を最大限に楽しむために、少しばかり役に立つヒントをお教えしよう。

・**時間をかける。** 古着ショップにはさまざまな時代・サイズ・ブランドがごっちゃになって置いてある。欲しいものを探すには、普通のショッピングよりもう少し時間が必要だ。最低でも三〇分はかけて見て回り、試着もしよう。私の場合、古着ショップでの買い物にはふつう一時間はかけている。

・**在庫が豊富な店を選ぶ。** 店によって品揃えにはバラツキがある。在庫の質はその店に古着を持ち込む客層によって決まるのだ。だから私は裕福な人たちが住む地域の古着ショップをよく利用する。同じ理由で南部の小さな町にある古着ショップを訪れるのも大好き。そういうところでは、TVドラマ『ダラス』の登場人物が着ていたような八〇年代のゴージャスなデザイナーズものの服がよく見つかるからだ。またオーナーの好みや方針も店の在庫に色濃く反映される。古着ショップによってはヴィンテージものを全部捨ててしまうところもある（私に言わせればこれは悲劇としか言いようがない）。Yelpやグーグルマップなどを見て、地域の古着ショップのレビューを探してみよう（「古着」「ヴィンテージ」「ユーズド」「委託販売」などでサーチしてみるといい）。有名ブランドのものやヴィンテージものがあるか、高級ブランドを扱っているかなどがわかる。ハズレがあった時のことも考えて、よさそうな店をいくつかピックアップしておくといい。古着ショップや委託販売ショップ、リセール・ショップは比較的同じ地域にまとまっていることが多いので、同じ日にいくつかの店を訪れることはそれほど難しくない。

・**いつものブランド以外も見てみる。** 着慣れたブランドばかりにこだわらない。他にも意外と自分に合う服はあるかもしれない。ラベルを見ないで、実際に目の前にある服のデザインや形、生地、色を見るようにしよう。普通なら買わないブランドのヴィンテージものや古着をあえて着てみるとい い。私の場合、Chico's（チコズ）やWhite Stag（ホワイトスタッグ）、Express（エクスプレス）

のヴィンテージものがお気に入りだ。

・**少し大きい／小さいサイズも見る。** 試着されたあと、間違った場所に戻されてしまうことはよくある。また時とともにサイズ設定が変わってきている場合もある。

・**リフォームの素材にする。** 古着に手を加えて他にない自分だけの服をつくりだすこともできる。私は次のような「古着レベルアップ」テクニックを使って、ダイヤモンドの原石である古着をクローゼットの主役へと作り変えている。

◇肩パッド、ボタン、飾りのような時代を感じさせる付属物は取り除くか取り替える。

◇八〇年代・九〇年代のパンツや袖のだぶっとしたスタイルはテーラーでスリムな形に直してもらう。

◇長いヒラヒラしたスカートやドレスは、余分な裾を切って縁を縫うなり糊づけするなりしてミニスカートにする。

◇いちばんよくあるパターンが、ヴィンテージものの「ママさんジーンズ」を安く買い、裾を切ってショートパンツにすること。毛抜きを使って縁をほつれさせてフリンジにする。

・**状態をよく確認する。** たいていの古着ショップでは破れや汚れをチェックしているが、傷んだアイテムもけっこう出回ってしまう。またほとんどの店が「売り切り」が前提、つまり返品は受け付けない。シャツの脇や襟部分に臭いやシミがないか、ファスナーが壊れていないか、黄ばみや穴あきがないかしっかり確認しよう。裏地の破れや小さな穴なら簡単に直せる。修繕の技については第5部「一生モノを目指す」で詳しく説明してある。補修しようのないものもあるが（黄ばみはどうやっても取れない）、補修にそれほど抵抗がないならダメージありの品を格安で買って直すのもいい手だ。私がニューヨークのヴィンテージ古着ショップ Beacon's Closet（ビーコンズ・クローゼット）で見つけた定価六〇〇ドル〔約六万円〕のIsabel Marant（イザベル・マラン）のコートは毛玉だらけだったので四〇ドル〔約四〇〇〇円〕で買えたのだが、毛玉カッターで一〇分ほど毛玉を取ったら新品にしか見えなくなった。

・**試着する！**　ブランド名になじみがなく最近のサイズ感が役に立たないヴィンテージものは、とにかく試着してみないと合うかどうかわからない。私はできるだけボディスーツやタイツを身につけていって、試着室が空くのを待たずにその場で着替えたりしている。

コア・ピースを古着でそろえる

古着ショップにはファストファッション以前の掘り出し物がぎっしり詰まっている。ぜいたくな天然繊維が標準仕様で、しっかりした仕立ての服がふつうに売られていた時代だ。ワードローブのコア・ピースをお値打ちに揃えるにはぴったりの場所と言える。あなたの整ったクローゼットを完成させるために、次のような上質アイテムに的を絞って探してみよう。

・スウェードのランチコート。ふつうメンズコーナーにある。
・デニムジャケット。コットン一〇〇パーセントのクラシック・カットで戦車のように頑丈な作りのものを探そう。
・レザージャケット。メンズコーナーでクラシックなライダーズジャケットをチェック。
・定番のシンプルなシルクのボタンダウンシャツやリネンの袖なしブラウス。

・クラシックなウールのコートやブレザー。私は四〇年代に作られたウールやカシミアのコートを持っているが、今着ても十分エレガントだ。
・ウールやカシミア製のケーブルニットやクルーネックのセーター。
・ヴィンテージもののハンドバッグ。Liz Claiborne（リズクレイボーン）や Dooney & Burke（ドゥーニー&バーク）のようなデパートブランドは九〇年代に、流行に左右されない素晴らしいレザーバッグを作っていた。クラシックなコーチのバッグも同じように時代を超えた魅力を持っている。また六〇年代のクロコダイルやアリゲーター・スキンのバッグにもいいものがある。

第16章　クローゼットにレンタルを

ファッションは恐ろしい速さで動いている。新しいと思っていたものがまたたく間に古くなり、インスタグラムに上がる頃にはもう完全に終わっている。ファッションの存在感は増す一方で、今や世界のどんな片隅にもその影響は広がり、ファッションのない世界を想像することなど不可能だ。しかしファッションをもっと地球にやさしいものにしていこうという呼びかけに応える時がそろそろ来ている。資源の無駄遣いやそれによる罪悪感をなくし、環境に負荷を与えずに楽しむことはできるはず。それを可能にする方法の一つがファッションレンタルだ。

誰もお気に入りのジーンズを借りたりはしないだろうが、一晩だけ着るカクテルドレスや最高級のデザイナーズバッグ、最先端を行き次の流行が来るまで最高の気分を与えてくれるトレンディなトップス、そういった特殊な服はレンタルするのにぴったりだ。そういうアイテムがレンタル市場で人気が出るのはごく当然のなりゆきだろう。レンタルの時代はもう始まっている。

長い間レンタルファッション・サイトで服を借りるのは、結婚式で友だちよりおしゃれに目立ちたいときに頼る秘密の手段だった。だが今やレンタルサービスはフォーマルイベント用におさまらず、日常のトレンドアイテムにまで勢力を伸ばしつつある。口火を切ったのはレント・ザ・ランウェイで、二〇一六年に普段着の定額レンタル・サービスUnlimited（アンリミテッド）を立ち上げた。以降ファッションレンタルは急速に世界中に広まりつつある。中国にはYCloset（Yクローゼット）、イギリスにはGirl Meets Dress（ガール・ミーツ・ドレス）やChic by Choice（シック・バイ・チョイス）がある。アメリカではレント・ザ・ランウェイ・アンリミテッドの他に、サイズ展開が豊富なウィニービー、レンタルとパーソナル・スタイリング・サービスを同時に提供するルトートなどがある。また American Eagle（アメリカン・イーグル）、Ann Taylor（アン・テイラー）、New York & Company（ニューヨークアンドカンパニー）などのブランドでは、自社製品のレンタルサービスを試験的に行っている。この分野は日々進化を続けている新しい領域なので、私のウェブサイト TheConsciousClosetBook.com にはつねにリストをアップデートして載せるようにしている。

こういったファッションレンタル・サービスはどこが革命的なのか。私たちは自分の服のほんの一部分しか活用できていない。デザイナーズもののドレスを二、三回着ただけでクローゼットの奥にしまいこんだり捨ててしまったりするかわりに、そのドレスをたくさんの借り手の間でシェアして回転させていこうというのがこのサービスだ。“Fast Company”［『ファスト・カンパニー』：アメリカのビジネス誌］によると、レンタルされるアイテムは三〇回も着られるという。[1] すでに、多くの人が買った服を三回着ただけで古いと感じてしまうという話を書いた。[2] 流行りの服の平均寿命が三回着られるだけだとしたら、レンタルサービスはそれを九〇〇パーセント延ばしたことになる！　さらにレント・ザ・ランウェイやルトートといったサイトでは、アイテムが傷む前に貸し出すのをやめ、かなり安い値段で売ってもう一度新たな生命を吹き込むのだ。これはスタイリッシュタイプの人たちにとって願ってもない朗報だろう。レンタルサービスは私たちの夢をすべてかなえてくれる。トレンドに敏感でありながら、同時に地球にやさしい生き方もできるのだ。

レンタルサービスの登場によって、あっという間に捨てられる服や二、三回しか着られない服はこの世から消えていく可能性がある。たとえばイベント用のドレスは買って一回しか着ない服の代表格であり、いうまでもなくレンタルサービスの定番だ。また仕事用の服も意外とコストが高いうえに環境に負荷をかけている。オフィスで着るためだけに買う服は私たちのパーソナルスタイルを反映したものではなく、必要がなくなったら捨てるしかないからだ。古着の仕分けをすると、くたびれたドレスシャツやスーツ、地味なペンシル・スカートがどれほど大量に持ち込まれるかを見て本当に驚く。だから仕事着をレンタルサイトで借りる人たちがたくさんいるという事実には大いに納得がいく。

レンタルファッションサービスのしくみ

利用してみたいけどどういうものなのか今ひとつわからないという人のために、システムの特徴をまとめてみた。

・**単発レンタルができる。**もっともよく利用されているのが、ウェディングのようなイベント向けの一回限りのレンタルサービス。会社によって少しずつサービス内容が違うので、あちこち見て回ろう。レント・ザ・ランウェイも一回限りのドレスレンタルを提供しているし、Style Lend（スタイル・レンド）のような個人間取引を仲介するサイトで他の会員のドレスを直接借りる方法もある。このサービスを利用すればゴージャスなドレスをお値打ちで着られて、クローゼットに一回しか着ない服をしまいこむスペースを作らずにすむ。

・**月ぎめプランもあり。**月ぎめプランは日常的に着る服やアクセサリーを、一度に借りられる数を決めて一ヶ月ごとに入れ替えていくサービス。アメリカではルトート、ウィニービー、レント・ザ・ランウェイ・アンリミテッドなどが月ぎめのレンタルファッションサービスを展開している。流行に敏感で、できるだけ新しいものをたくさん着たいスタイリッシュタイプの人にはピッタリのサービスだ。また流行が変わったり持っているものに飽きがきたりして、二、三年ごとにワードローブの入れ替えをしなければならないのは面倒だし、お金もかかると考える人にも向いている。

・**値段と種類はそれぞれ。**値段設定と提供するブランドの種類はサービスによって少しずつ違う。イベント用に一回だけ借りるドレスのレンタル料は小売価格によって決まる。したがって四〇〇〇ドル〔約四〇万円〕のデザイナーズ・ドレスなら四〇〇ドル〔約四万円〕で借りられることになる。買うことを思えば安く、何とか手の届く値段だ。月ぎめレンタルサービスなら、あちこち見て回って自分の予算と好みに合うところを選ぼう。レント・ザ・ランウェイ・アンリミテッドはミドルクラスからハイクラスのデザイナーズ・ブランドの服が借りられて、本書の執筆時点で月一五九ドル〔約一万五九〇〇円〕（一ヶ月で借りられるアイテムの数が少なくなるがもっと安いプランもある）。ルトートは中程度のブランドのよりトレンディな服が中心で、月六九ドル〔約六九〇〇円〕とかなり安い。なおこの価格は変わっていくので、自分でリサーチすること。またレンタルサイトでもなるべく地球と人にやさしいブランドを探そう！　レント・ザ・ランウェイではリフォーメーションやマラ・ホフマン、ステラ・マッカートニーの服が借りられる。さらにレンタルサービスの会社に地球と人にやさしいブランドをもっと入れるように働きかけていけば、もっと地球にやさしいサービスにしていくことができるだろう！

・**クリーニングと補修が済んでいるものを借りられる。**車とか部屋を借りるのはいいけど、服を借りるのって何か気持ち悪くない？　いや、そんなことはまったくない！　レンタル会社は貸し出して帰ってきた服をすべてプロの技でクリーニングし、検査し、補修している。つまりあなたがクリーニングにかける時間もお金も節約できるのだ。でもドライクリーニングが環境に与える影響ってどうなの？　確かにそれは重要な問題で、レンタルが勢力を拡大しつつある今きちんと考えていかなければならない課題だ。伝統的なドライクリーニングはエネルギーコストが高く、有毒な化学物質残留の不安もあるが、もっと地球にやさしいクリーニング方法もある。たとえばレント・ザ・ランウェイはアメリカ最大のドライクリーニング工場を持っているが、スポットクリーニング専門の技術者を大勢雇って服の寿命を延ばす努力をしている。またドライクリーニングによく使われる有毒な溶剤パークロロエチレンの使用も控えている（地球にやさしいドライクリーニングについては第22章参照）。

ファッションレンタルのメリット

月ぎめレンタルサービスを利用するメリットをいくつかまとめてみた。

・**値段を考えなくてすむ。**定額サービスのいちばんの利点は、八〇ドル〔約八〇〇〇円〕のドレスだろうと八〇〇ドル〔約八万円〕のドレスだろうと、値札をまったく気にせずに借りられるところだ。実際服の値段をまったく気にしなくてすむメリットは大きい。純粋に自分が着たいと思う気持ちだけを基準に服を選ぶことができるからだ。気に入らなければ着ずに送り返せばいい。またすごく気に入った服があれば、もう一度借りてもいいし、かなり安い価格で買うこともできる。

・**冒険できる。**レンタルなら、今まで試したことがないような大胆な服やコーディネートにも思い切って挑戦できる。これは自分に合うスタイルを探す感性も鍛えてくれる。私がレンタルサービスで服を借りるときは、スパンコールや派手な柄、大胆な形の服にあえて手を伸ばしてみる。そういう気持ちになるのは私だけではないようだ。レント・ザ・ランウェイのサイトにある服の五〇パーセントが何らかの装飾がついた服なのだ。[3]

・**時間が節約できる。** 気がついたらレンタルサイトで次に借りる服探しに夢中になっている、ということはあるかもしれないが、たとえそうだとしてもレンタルサービスは服のコーディネートやクリーニング、さらにお財布と相談しながら自分に最適な服を選ぶという大仕事からあなたを解放して時間を節約してくれる。定額レンタルサービスというわずかな投資によって、時間が節約できたうえにファッションレベルも上がった忙しいビジネスウーマンや小さい子を抱えたお母さんたちを、私は何人も知っている。

でも本当にお得なの？

定額ファッションレンタルは決して安くはないが、払った額を回収できる可能性は十分にある。その額を払うだけの価値があるかどうかは、あなたの予算とファッションタイプ次第だ。私個人は、上質なブランドに投資して長く着られるアイテムを手に入れたいと思う方だが、それは私がトラッドタイプだから。スタイリッシュタイプの人なら、レンタルにお金を使った方がいいと思うに違いない。その方がお値打ちな金額でより質のいい服をたくさん着ることができるからだ。ステファニーはレンタルサービスを積極的に利用する三一歳のスタイリッシュタイプ。レント・ザ・ランウェイ・アンリミテッドに毎月一五九ドルを支払っている。かなりの額のように思うかもしれないが、二〇一八年に彼女が借りたデザイナーズ・ブランドの服は総額一一万六〇〇〇ドル〔約一二六〇万円〕分にもなると聞いてどう思うだろうか？　ニューヨークのジャーナリスト、エミリー・Kはトラッドタイプだが、レンタルサービスは賢いお金の使い方だと感じている。最近の大量生産される服はあっという間に古くなったりダメになったりするからだ。彼女のような人にとっても、レンタルサービスはそれだけの金額を出す価値のあるもののようだ。どちらのケースも、借り手は支払える範囲の金額で新しい服を着たいだけ着ることができるのだ。

どんなときにレンタルする?

・**一度きりしか着ない服すべてをレンタル。** インスタ映えする写真が撮りたいときや、音楽フェスティバルに着ていくドレス、休日のパーティー用の服など、とにかく一回しか着ないと思われる服はすべてレンタルで。

・**仕事用の服をさがす。** 自分のクローゼットがいろんな仕事用の服でごちゃごちゃになってうんざりしている人や、週末の時間をクリーニングや洗濯に取られたくない人には、レンタルサービスは大いに助かる秘密兵器になる。

・**休暇用の服をさがす。** 最近はみんなが休暇用に服をレンタルするようになってきた。それも当然だろう。人が羨むような休暇の写真をSNSでシェアするのが今のトレンドだからだ。それに、バカンスから帰ってきたらもう二度と着ないようなリゾートウェアやカジノで着るような派手な服を買うのなんてもったいない。レンタルしよう!

・**マタニティウェアと子供服をさがす。** 妊娠の時期に合わせて服を買うのはお金もかかるし無駄になる。マタニティウェアがリセールでもレンタルでも大きく需要を伸ばしているのは驚くに当たらない。本書の執筆時点でレント・ザ・ランウェイとルトートがスタイリッシュなマタニティウェアのレンタルを行っている。次にブームが来るのは子供服のレンタルと考えて間違いない! 現在子供服のレンタルを提供しているのはレント・

ザ・ランウェイだ。

・ウェディング用に。ウェディングドレスを買って、着て、それを何十年もとっておくというのは、すでに過去の話になりつつある。花嫁の付き添い人も花嫁自身も、レンタルを利用するケースが増えている。何といっても劇的に安上がりだからだ。レント・ザ・ランウェイでは一五〇〇ドル〔約一五万円〕相当のウェディング用デザイナーズ・ドレスが二〇〇ドル〔約二万円〕で借りられる。トレイジーなどのフリマ・サイトもウェディングドレスをお値打ちに手に入れられる場所だ。結婚式が終わったら、同じサイトでそのドレスをもう一回売ることもできる。またウェディング周辺の予定にもレンタルは役にたつ。婚約記念の写真やリハーサルディナー、新婚旅行用の服もレンタルしてしまおう。

レンタルとリセールをもっと地球にやさしく

毎月服を配送でやりとりし、ガソリン代や配送費用が増加し続けても、レンタルやリセールは本当に地球にやさしいと言えるのだろうか。ただ消費を増やしているだけではないのか？　これは重要な問いだ。もちろんレンタルやリセールがまったく環境に影響を与えていないと言うつもりはない。だが今のようにほとんど着ない服を買ったり捨てたりするしくみよりはずっと地球にやさしい。前にも書いたように、ファッション産業でもっとも環境に負荷を与えるのは新しい衣類の製造であって、配送ではないのだ。服の世界規模の小売店舗への配送も、ファッション産業全体のカーボン・フットプリントのわずか三パーセントに過ぎない。[4] 商品配送のための道路輸送も、個人が車でショッピングに出かけるのに比べたら驚くほど効率化されている。[5]

オンラインショッピングやレンタルで環境に大きな影響を及ぼすのは、むしろ包装だ。[6] 包装用の素材を作るのには化石燃料や紙、プラスチック、化学薬品が使われるが、その大部分が生分解せず、最終的に埋め立て地に捨てられるか、プラスチックごみやマイクロプラスチックとなって環境を汚染する。もちろんこれはレンタルサービスに限らず、私たちが買う文字通りすべてのものに関わる事実であり、早急に解決しなければならない問題だ。レント・ザ・ランウェイでは配送に再利用可能な袋を使ったり、ドライクリーニング用ビニール袋をリサイクルしたりしている。すべてのレンタルやリセール会社がプラスチックの使用をやめ、再利用可能あるいは生分解可能な包装材を使うようになれば、レンタルやリセールはさらに地球にやさしいサービスになっていくだろう。

第17章 整ったクローゼットの経済事情

ファッションはふつうの人には手の届かないものに思えることも多い。とにかく高いものが多すぎる！ セレブたちは八〇〇ドル〔約八万円〕もするスニーカーを履き、私たちの年収より高いドレスを身にまとう。インスタグラムでインフルエンサーたちは毎日毎日新しい服を着て、分不相応なお金を使ってまで流行を追うようみんなを煽る。ごく基本の服さえ買えない人がいるこの世界で、最新流行のファッションでいっぱいのクローゼットを維持できる人はほんの一握りだ。ファッションとお金の問題となると、考えなければならないことは山ほどある。

整ったクローゼットをつくっていくためのステップとして、ここではファッション大好きな人たちがとらわれがちな贅沢への憧れやブランドロゴへの執着、人を出し抜きたいという欲望から離れ、自分のクローゼットのために細心の注意を払って満足のいくお金の使い方をすることに意識を集中していく。自分の収入ではとても買えないような服を買う必要はない。その代わりに、収入やライフスタイルにぴったりな服を無理なく手に入れる方法を知り、地球にも人にもやさしいファッションは高いという固定観念を取り払っていく手助けをしたい。クローゼットのクラシックな定番をお得にそろえたいと考えるミニマリストタイプやトラッドタイプの人でも、限られた予算で流行を追いたいと考えるスタイリッシュタイプの人でも、支出を見直し、賢くお金を使い、これまでよりずっといい買い物ができるようになる方法をお教えしよう。

使い捨て型ショッピング

大量生産の衣類は歴史始まって以来の安値を更新し続けているが、いくらローコストでも無駄に買い続ければ積もり積もってかなりの金額になる。私の場合を例にあげよう。一〇年の間に私が買い込んだ大量のお買い得品の総額は、ざっと見積もって六〇〇〇ドル〔約六〇万円〕。要するに私は自分が思っていたほどバーゲンで得をしていたわけでもなかったのだ。

だがこれは特に極端な例ではなく、ごくふつうの数字だ。アメリカ人は一年間に六六枚の服と七・五足の靴を購入し、身につけるものに一人あたり一〇〇〇ドル〔約一〇万円〕弱を支払う。[1] つまり一アイテムあたり一九ドル〔約一九〇〇円〕という計算だが、これでは上質な品が買えるとはとても思えない。こんな調子で一〇年間服を買い続けていくと、支払う金額は総額九〇〇〇ドル〔約九〇万円〕、手に入れるものは七〇〇点以上にものぼることになる。しかもこれらにはリセール価値はほとんど期待できず、あなたのクローゼットは大混乱状態だ。私はこの低品質ファッションを大量に買うパターンを「使い捨て型」と呼ぶ。

地球と人にやさしいショッピング

地球と人にやさしいお金の使い方とは、買うものや支払ったお金、買ったものが長い目で見てどれほど役に立ったかを意識した消費のあり方だ。これを身につければ、人生のどんな局面に立ってもお金の流れをコントロールすることができるようになる。おかげで私はずっと望んでいた思い通りのクローゼットを作ることができたし、ついでに貯金までできた。地球と人にやさしいクローゼットを手にするためのお金の使い方を次にまとめてみた。

- **失敗を金額換算してみる。**自分が服にどれくらいお金を使うことができるかを知るためには、まずこれまでにいくら使ってきたかを計算してみる。私たちはたいてい、自分がいくら服にお金を使っているのか考えたこともない。たとえば「ジーンズに四〇ドル〔約四〇〇〇円〕も出せないわ」と言う人がいるかもしれない。だがそんな人もつい先月同じ四〇ドルでトップスを買って、いまだ袖を通していなかったりする。これまでに使った額を計算するために、銀行口座の取引明細やメールの受領書でオンラインショッピングの記録をチェックしてみる。あるいは第8章に書いた方法を使ってもいい。ハンガーの数を数えるか、クローゼットにある服の在庫リストを作って、一着に支払った平均額をその数にかける。結構ショッキングな額が出るのではないだろうか。
- **ざっくり予算を立てる。**金融アナリストによると、服を買うのに使っていい金額は収入の五〜一〇パーセントで、自分の消費傾向や負債に応じてその範囲で微調整するのがよい。この基準を利用して、服一枚にどれくらいのお金を使えるか考えてみよう。年収二万五〇〇〇ドル〔約二五〇万円〕で負債なし、収入の五パーセントを服飾費に使えるとすると、年額一二五〇ドル〔約一二万五〇〇〇円〕、ワンシーズン三一二・五ドル〔約三万一二五〇円〕、月額約一〇〇ドル〔約一万円〕。この予算を頭に入れておけば、ダメダメ、二〇〇〇ドル〔約二〇万円〕のデザイナーズバッグなんて贅沢すぎ！　と自分の欲望に歯止めをかけることができる。でもだからといって、安売りショップの一山いくらの売り場ばかりを見て回ることはない。予算がないなら、この章の最後にまとめたヒントを参考に賢くお値打ちな買い物をしよう。

・**目標を決める。** あなたの望みはもっと質の高い服を揃えること？ お目当ての品を買うためにお金を貯めること？ 着ない洋服に無駄金を使うのをやめること？ 達成できそうな目標を決めて、それに向かって進んでいこう。私の場合、自分の理想通りのワードローブを作り上げるまでにほぼ一〇年かかった。まず最初に、一ヶ月でダメになるような一足一〇ドル〔約一〇〇〇円〕の使い捨てのフラットシューズを買うのをやめ、ワンシーズンは持つ四〇ドル〔約四〇〇〇円〕の靴を買う。他にも五ドル〔約五〇〇円〕のタンクトップを四枚買う代わりに、もう少し高くて上質に見えるものを二枚買う、という感じで買う量を減らし、質をだんだんアップしていった。時間をかけ、きちんと戦略を立ててお金を使うようにすれば、必ず賢い選択ができるようになる。それが望みの目標を手に入れる結果につながるのだ。

・**支出の記録をつける。** 服にいくら使ったかを必ず記録しておく。家計簿アプリなどを利用するのもいいし、スマートフォンにメモを残しておくだけでもいい。シーズンの終わりに自分が買ったものを見直し、実際に着ているもの・着ていないものをチェックする。どれが買っていちばんよかった服？ どれが失敗だった？ なぜそう思う？ つねに分析し、戦略を立て直し、より賢いお金の使い方を目指そう。たとえば数回しか着ない服にかなりのお金をつぎこんでいるのなら、レンタルサービスの利用を考えたり、リセールに出すことを考えた方がいいということだ。

・**予算を工夫する。** きちんと整ったクローゼットはあなたに自信と心の余裕、そして日々好きな服を着る喜びを与えてくれる。つまり私が言いたいのは、服はとても大きな意味を持つということ。だから時にはそれに使うお金を確保するために、いろいろ工夫する必要がある。ちょっと予算が足りないと思うなら、第5章を参考に手持ちの服をいくつか売って予算を工面してみる。また外食や飲み会やコーヒーのテイクアウトなどにお金をかけすぎているなら、そこをカットすればいい。毎朝ラテを買う代わりに自分でコーヒーをいれるようにすれば、一週間で約二五ドル〔約二五〇〇円〕節約でき、一ヶ月で服に使えるお金をあと一〇〇ドル〔約一万円〕増やせる計算になる。もう一つの方法は貯金すること。必要なら服購入用に別に口座を作って、週に一〇ドル〔約一〇〇〇円〕とか二〇ドル〔約二〇〇〇円〕ずつ貯めていく。ワンシーズン過ぎる頃には一二〇ドル〔約一万二〇〇〇円〕なり二四〇ドル〔約二万四〇〇〇円〕なりが貯まっているはずだ。またこの章の最後には、お値打ちに買い物をするためのヒントをいろいろあげておいた。

私の使い捨て型ショッピングの収支（二〇一一年）

一アイテム当たりの平均価格：一九ドル〔約一九〇〇円〕
クローゼットの推定総額：約六七二六ドル〔約六七万二六〇〇円〕（一〇年間で購入したもの）
クローゼットの推定リセール価値：約一〇〇ドル〔約一万円〕
クローゼットの実質支出額：六六二六ドル〔約六六万二六〇〇円〕

私の地球と人にやさしいショッピングの収支（二〇一九年）

一アイテム当たりの平均価格：四〇ドル〔約四〇〇〇円〕（もっとずっと高いものもあれば、もっとずっと安いものもある）
クローゼットの推定総額：約五二六六ドル〔約五二万二六〇〇円〕（八年間で購入したもの）
クローゼットの推定リセール価値：約三四一七ドル〔約三四万一七〇〇円〕
クローゼットの実質支出額：一八四九ドル〔約一八万四九〇〇円〕

クローゼットに賢く投資するには

私たちはときどき、高すぎて買えないからではなくて、ただ高い服を買うのが怖いからという理由で間違った選択をしてしまうことがある。高い服を前にすると、「ぼられていたらどうしよう？」とか、「いいと思い込んでいるだけだったらどうしよう？」などとついつい考えてしまうのだ。だがもうそういう考え方はやめにしよう。目の前にゴージャスで気分を上げてくれるような、あなたにピッタリの服がある。そういう服はあなたの予算を超えている場合もある、というだけの話だ。私自身、高いものを買うのは別に好きじゃないし、できれば買いたくない。だがよいものの見分け方を知っている今、ためらいなく高いものも買うことができる。賢い買い物をするためのヒントは次の通り。

・**自分の好みを知る。**賢い買い物をするのは簡単なようで難しい。自分が何を着たいか、自分のクローゼットにどんな服がふさわしいのか、本当の意味で知ることが意外と難しいからだ。「持たない技術」の特に第11章「ワードローブを組み立てる」を読んできたあなたは、賢い投資をしていくための土台をすでに手にしている。自分のスタイルや色、似合う形やデザインについてよく考え、上質なものを買う方法も学んだ。そういったスキルを駆使して、長く心から楽しんで着られる服を上手に選ぼう。値段が高めのエシカルでサステイナブルなブランドを買うことを考えている場合も、チェックは念入りにすること。エシカルな服の「同情購入」はやめておいたほうがいい。「同情購入」とはサステイナブル・ファッションに詳しいジャーナリスト、オールデン・ウィッカーが作り出した言葉で、エコを目指すあまりそれほど欲しくないものまで買ってしまうことを指す。たとえコンシャス・ブランドの服を買っても着ないでクローゼットの奥にしまいこんでしまったら、そのブランドにとって何の得にもならないのだ。

- **今着ているものに投資する。** 手始めとしていちばん賢明なのは、何度も繰り返し買う定番アイテムに投資すること。「この本を活用するために」でとりあげた友人のギャビーが最初に投資したのは、彼女のワードローブの定番アイテムであるクラシックな黒のジャンプスーツ。私の場合は、ソールの張り替えのきく革製カウボーイブーツだった。それまで履き捨てのブーツにつぎこんできたお金は数百ドルを下らないが、そこはすっぱり割り切って一一五ドル〔約一万一五〇〇円〕のブーツを買うことにした。そのブーツは四年たった今もしっかり役に立ってくれている。
- **リセール価値をチェックする。** 投資を回収するには、売ろうと思えばいつでも売れるブランドを買うことだ。第5章で紹介したヒントを活用して、ブランドのリセール価値をチェックしよう（もう一度確認しておくと、スレッドアップやザ・リアルリアルなどのフリマ・サイトで同じようなアイテムの価格をチェックしておこう）。最近私は自分にあまり似合っていなかったMaison Margiela（メゾン・マルジェラ）のブーツを売ったのだが（もともとフリマ・サイトで買ったもの）、それで手にしたお金は新しいサングラスを買う資金になった。これで収支はとんとんだ。私のクローゼットの価値は定価のほぼ三分の二はある。つまり今すぐ売り払えば、買うときに支払った額のかなりの部分を回収できるということだ。ファストファッション依存時代のクローゼットと比べてみてほしい。当時のクローゼットのリセール価値は、買ったときのたった六パーセントしかなかったのだ。

賢い買い物のためのチェックシート

買おうと思っている服がすごくステキだけどかなりお高いとき、このチェックリストを見て本当に賢い買い物ができるかどうかチェックしてほしい。どんなに高くても次の条件は必ず満たしていなければならない。

・**完璧であること。**色、スタイル、サイズなどどこかに気になる点があったら、買うのはやめておこう。これがないと生きていけないと思えるような服だけにお金を使おう。

・**高品質であること。**生地や縫製、サイズ、細部の品質はどうか？　最高級の素材や技術を使って作られていることが見て分かるだろうか？

・**時代に左右されないクリエイティブでユニークなデザインであること。**あなたがそのアイテムにお金を出そうとしているのは他にないユニークなデザインが気に入ったから？　あるいは全く時代に左右されず、ずっと着られそうなデザインだから？　流行のデザインならレンタルを考えるか、フリマ・サイトで探してみては？

・**環境を考えて作られていること。**品質の高いアイテムのすべてがエシカルでサステイナブルなわけではないが、すべての高品質なアイテムは環境のことを考えて作られるべきだ。最高級の品質と地球にやさしい姿勢とデザインが完璧にそろったアイテムを見つけることができたときは、お金を出すのに何のためらいも感じない。

ＣＰＷの魔法

あなたのクローゼットの中でいちばん安い服は、ファストファッションの獲物でも、クリアランスで見つけたブランドものの投げ売り品でもない。最も着る回数が多い服だ。それを証明する数字がＣＰＷ（Cost per wear）。ＣＰＷとは着る回数によって服の価値を測る公式のこと。計算方法はこうなる。

ＣＰＷ＝アイテムの価格÷着た回数

ＣＰＷは毎日服を着るのに一定の金額がかかっているというシンプルかつ深い考え方に基づいて考案された。私たちが本当に注目すべきは、服についている値札ではなく、ＣＰＷによって算出されるコストなのだ。あなたは毎日服を一回着るたびに、理論上他の服に費やしたかもしれないお金を節約していることになる。簡単な例をあげると、二〇ドル〔約二〇〇〇円〕のシャツを一回着たら、その服のコストは二〇ドル。だがもう一回着たら、一〇ドル〔約一〇〇〇円〕に下がる、といった感じだ。買い物をするときにＣＰＷを計算してみるといろんなことがわかる。次に三つ大きなメリットを挙げよう。

- **ＣＰＷを見ればファストファッションのコストパフォーマンスの悪さがわかる。**トレンディな四〇ドル〔約四〇〇〇円〕のドレスをパーティー用に買って、一回しか着なければＣＰＷは四〇ドル。賢い買い物とはとても言えない。そんな習慣をそのまま続けて、一年のうちに一回しか着ない四〇ドルの服を次から次へと着続けたとしたら、年間のコストは数千ドルにもなる。だがＣＰＷは安い服を目の敵にしているわけではない。安く買った服を何度も何度も着たとしたら、ＣＰＷはほとんどゼロに近くなるのだ！
- **ＣＰＷはあらゆる種類の高くてムダな買い物をなくす。**あなたが高価なものが大好きで（私のように）、あまり着やすそうじゃないちょっと変わった服に惹かれてしまう性質なら（私のように）、ＣＰＷを知れば五〇〇ドル〔約五万五〇〇〇円〕のデザイナーズもののドレスや、手持ちのどの服とも合わせられないスパンコール付きチューブトップを買うのを思いとどまることができる。たとえそれが五〇パーセントオフになっていたとしても。

・CPWを知れば持っている服をもっと着たくなる。今買いたいと思っている、この先大いに役に立ちそうな服に目の玉が飛び出るような金額がついていたとしたら、CPWの出番だ。一〇〇ドル〔約一万一〇〇〇円〕する高級ジーンズも、三〇〇回着るとしたらCPWはたったの三三セント〔約三三円〕！毎日着る服のCPWが三〇セント〔約三〇円〕として、それを年間に換算したら、ファストファッションを買う人たちと使う額は大して変わらなくなる。CPWはお金の問題ではなく、要は服を何回着るかということなのだ。この魔法の数字は、コア・ピースやその他のワードローブの定番を買うときに大いに役にたつ。たとえば私が委託販売ショップで買ったAlexander Wang（アレキサンダー・ワン）のレザージャケットは三〇〇ドル〔約三万円〕。かなり痛い額だ！　だがこの四年で二〇〇回は着てきたから、この服のCPWは一・五ドル〔約一五〇円〕。さらに今でも最低一五〇ドル〔約一万五〇〇〇円〕で売ることもできるのだ。

トラッドタイプとミニマリストタイプのために

あなたのファッションタイプによって、お金の賢い使い方は変わってくる。この章でずっと書いてきた戦略のほとんどはトラッドタイプとミニマリストタイプには特に役に立つはずだ（たとえば何に投資するかを決める、CPWを考えて賢い買い物をするなど）。トラッドタイプやミニマリストタイプの人にとって、クローゼットに入れる服を選ぶのは真剣勝負。スタイリッシュタイプより買う服の数が少なく、自分の持っている服をできるだけ活用したいので、一点にかける予算は多めだ。

- **コアアイテムにいちばんお金をかける。**どのファッションタイプの人でもクローゼットの基礎にはコアアイテムがあるが、そこにお金をきちんとかけるのが結局は得になる。コアアイテムは出番の多い服だからだ。ジーンズ、上質な冬物のコート、クラシックなボタンダウンシャツ、着まわしのきくドレスといった基本アイテムには、多額の投資をお勧めする。一度よいものを買っておけば、長いこと（おそらく数年）買い換える必要がない。
- **ハイ&ローの組み合わせ技を考える。**クローゼットのすべての服に高額な投資をする必要はない。ハイ&ローの合わせ技を考えて買うのがコツ。つまり高いものと安いものを上手に組み合わせることだ。シーズンごとに上質なものをいくつか買い、あとは全部なるべく安いものですませる。安く買うコツについては、この章の最後にある「地球と人にやさしい激安ショッピングの秘訣」などのヒントを参考にしてほしい。お金をかけずに、しかも品質の悪いものをつかまされない買い物をする知識を身につけよう。
- **ゴールライン効果をめざす。**ワードローブを組み立てていくうちに、クローゼットの中には長く着られる服が少しずつ増えていく。できれば、最初の二、三年で最大限の投資をしておくといい。いったんクローゼットが完成してしまえば、支出は横ばいになり、次には急降下する。これがゴールライン〔目標到達点〕効果の節約パワーだ。トラッドタイプなら、節約できたお金はそのまま貯金に回してもいいし、より上質なアクセントアイテムや季節もの、流行ものを買うのに使ってもいい。私のクローゼットはもう完璧にできあがっていて、現在は高級なジュエリーとバッグを整える段階に入っている。ミニマリストタイプなら、クローゼットが完成したら服にかけるお金はほとんどゼロに近くなる。小さくても完璧なクローゼットがあれば、それ以上何も必要ないからだ。

スタイリッシュタイプのために

スタイリッシュタイプの場合は、ファッションに敏感でありながら破産もしないお金の使いかたを考えよう。ファッションは、減価償却していく資産と考えるよりもサービスとしてとらえた方がいい。長い目で見ればその方がずっとお金を節約できる。リセールとレンタル市場についてはこの第3部で多くのページを割いて説明してきたが、そういったサービスのおかげでファッションをシェアしたり気軽に売買したりすることが本当に簡単にできるようになってきた。年間でファッションに費やすお金がどれくらいになるかをしっかり計算し、そのレベルの出費を一〇年間続けていったら一体総額はいくらになるのか考えてみよう。おそらくその額を見れば、レンタルやリセールに切り替えることを考えたくなるはず。とはいえ、スタイリッシュタイプの人のクローゼットの中身が全部トレンドものというわけではない。ワードローブの基礎には、いろんな場面に使えるコアアイテムが必ずいくつかあると思う（全部レンタルに変えたのでなければ）。そういう基本アイテムと流行アイテムをまったく別々に考えてお金を使う、というのが賢い手だ。コアになる基本アイテムには本気でお金を使う。より上質なものを探し、手の届く範囲で最高のものを買うようにしよう。数回しか着ないことがわかっているトレンドものについては、レンタルするか、フリマ・サイトで買って季節が終わったら売る。つまり一言でいえば「基本は買う、流行は買わない」。

地球と人にやさしい激安ショッピングの秘訣

予算が限られている人にも、お得な買い物が好きな人にも、質のよいものを買う方法はたくさんある。実は買い物となると私は人格が分裂してしまうのだが、そういう人はけっこういるのではないだろうか。私のクローゼットには、古着ショップで手に入れた掘り出しもののとなりにゴージャスなデザイナーズものの服があり、さらにそのとなりには手ごろな価格のコンシャス・ブランドがある。ショッピングで大切なのは、価値の高いものを手に入れること。つまり今買おうとしているものが、払うお金に見合った価値のあるものと思えるかどうかということだ。地球と人にやさしく、なおかつなるべくお金を使わずに、賢く新しいクローゼットを組み立てていくことはできる。その方法は次のとおりだ。

- **古着を探す！** コツについては第15章参照。欲しいものは何でも見つかる。トレンドもの、ファストファッション、有名ブランド、ときにはデザイナーズものだって、古着ショップではタダ同然の値段で手に入る。私の持っている古着のレザージャケットはたったの二五セント〔約二五円〕だった！
- **フリマ・サイトで買う。** リセールショッピングのすばらしさについてはたくさん書いてきた。フリマ・サイトでは有名ブランド、高級ブランド、新品の服が激安価格で売られている。コンシャス・ファッションのブランド（第20章参照）のものも値引き価格で手に入る。
- **セールで買う。** 定価で買わなければならない理由なんて何もない！　コンシャス・ブランドだってシーズン・エンドのセールやクリアランス・セールがある。欲しいけど手の届かないブランドがあるなら、ショップのメーリングリストに登録して、好みのアイテムがサイトに出ていたらお気に入りに設定し、値段が下がるのを待ってセールで買おう！
- **ハイ&ローの組み合わせ技を使う。** これについてはもう説明したが、とても気に入っているアイディアなのでもう一度言わせてもらう。クローゼットのすべてのアイテムにお金をかける必要はまったくない。シーズンごと、あるいは一年にいくつかいいものを買って、あとは全部安くすまそう。

・**基本アイテムから始める。**好きなブランドに手を出しにくいとき、まず最初はタンクトップやアンダーウェア、スポーツウェアといった基本アイテムを買って、そのあと徐々にいいものをそろえていこう。これはコンシャス・ブランドをサポートしたいときにも、このやり方なら始めやすい。パクト・オーガニック、Maggie's Organics（マギーズ・オーガニクス）、Etiko（エティコ）などのサステイナブルファッション・ブランドでは、二〇ドル〔約二〇〇〇円〕以下でベーシックなアイテムを売っている。

・**貸し借り・交換を試みる。**タダより安いものはない。地域のファッション交換会に行ってみたり、オシャレな友だちを誘って交換会を開いてみたりする。SNSで交換の情報を載せているページやグループを探して取り引きしてみるのもいい。交換会の開き方については、第6章参照。

・**リフォーム・DIYも選択肢。**持っている服のリフォームを考えてみてはどうだろうか。クローゼットの奥を探って忘れていたアイテムを引っ張り出し、デザインを変えたり飾りをつけたりして自分だけの新しいアイテムを作り出してみよう。第5部「一生モノを目指す」にはDIYのアイディアがたくさん詰まっている。

・**よりエシカルなブランドを選ぶ。**安いファッションチェーン店で買うときも、できるだけベター・ビッグ・ブランドを選ぶようにする。ディスカウント・ショップやファストファッション・チェーンも、会社によって姿勢が違う。よりエシカルで地球にやさしいブランドを見つける方法については、第20章を参考にしてほしい。

第**4**部

サステイナブルなファッションへの手引き

The Sustainable Fashion Handbook

見た目も気持ちも行動もステキでありたい。
それが私にとっての本当の贅沢なの。
——エマ・ワトソン

第18章　サステイナブルな生地を求めて

私は生地に関してはかなりうるさいんだ。
——ジョン・マルコヴィッチ

かつてはそれほどでもなかったのに、私がいつからこんな生地大好き人間になったのかハッキリとは覚えていないが、とにかく今の私は完全なる生地オタクだ。シルクの糸を紡ぐ昔ながらの技やレザーのなめし加工から、ポリエステル製造工場の精緻に計算された効率的な製造ラインに至るまで、あらゆる繊維の製造工程に私は魅了されてしまう。生地が衣類のすべてだ。肌ざわり、洗われ、着られ、時を経て変化していく様子、そのすべてを決めるのは生地なのだ。

だが本章のすべてを服の素材の解説にあてた理由は別にある。それはファッションが地球環境に与える影響の大部分が、繊維の製造時に発生するという事実があるからだ。繊維やその他の素材が育てられ、作られ、紡がれ、染められ、仕上げられて私たちが着る服になる。この一見シンプルな素材の製造過程こそが、服の配送や梱包・販売に必要な水やエネルギーの何倍もの資源を必要とするのだ。[1]サステイナブルな素材を買い、何が地球にやさしい繊維なのかを知ることが、ファッションが環境へ与える悪影響を減らしていくもっとも有効な方法だ。それは同時にクローゼットを整え、美しくて環境にやさしい服を新たに増やしていく結果にもつながるはずだ。

完璧にグリーンな生地ってありますか？　と訊かれることがよくあるが、それはおかしな質問だと思う。コットンの製造には毎年一九〇〇万トン近くの化学薬品が使われるし、合成繊維の場合には三億四二〇〇万バレル〔約五四四億リットル〕の石油が必要だ。[2] レザー産業からは、年間三〇〇〇万台の車が排出するのと同じ量の二酸化炭素が排出される。[3] 私たちはあらゆる素材のサステイナビリティを向上させていく必要があるのだ。だからこの第4部では、服の素材のよい面も悪い面もとりあげることにした。その両方を知ることにより、自分の着る服をより深く理解し、もっとサステイナブルに服を作っていこうとするブランドをサポートしていってもらえたらと思う。

ここから、現在使われている繊維と素材の上位七位を占める素材について詳しく述べていく。私たちの着ている服の大部分はこれらの素材だ。実際コットンとポリエステルというたった二つの素材が、世界の繊維市場の実に七五パーセントを占めている。[4] その他にも重要な素材がいくつかあるので参考にしていただきたい。

ポリエステル——環境の敵か味方か？

かつてはポリエステルといえば、火をつければあっという間に燃えてしまいそうな、ディスコ時代のペラペラ・ヒラヒラのスーツやドレス、というイメージだった。まとわりついて気持ち悪いとさんざんけなされてきた時代も今は昔、ポリエステルは格段に性能が向上し、ジーンズやTシャツからヨガパンツ、アウトドアウェアに至るまでありとあらゆる衣類に使われるようになった。今や世界でもっとも使われる生地として他を大きく引き離し、世界中の全繊維生産量の半分以上、合成繊維の八〇パーセント以上を占める。[5] ポリエステルがなければ、ファストファッション業界は存在しなかっただろう。安値とスピードが勝負のファストファッション業界は、この安くて生産も容易な素材に全面的に依存しているのだ。

ポリエステルはプラスチックだ。原油あるいは天然ガスを精製して化学的に分解し、ポリマーの糸を作り出してそれを織る。このポリマーとはいわゆるPET（ポリエチレン・テレフタレート）と呼ばれるもので、ペットボトルに使われるものと同じ成分だ。コットンやウール、シルクといった天然繊維が世界中の農業を支え、多くの国で人間の仕事を作り出しているのに比べ、合成繊維産業はハイテクで生産地域は数少ない場所に集中している。現在世界のポリエステル繊維の七五パーセント以上が中国で生産されている。[6]

ポリエステルの及ぼす影響——再生不可能な化学物質・マイクロプラスチック

ポリエステルは化石燃料から作られる再生不可能で有限の資源だ。プラスチック製造過程で費やされる化石燃料の半分は原材料として使われてプラスチックそのものになり、残りの半分はポリマー化工程の燃料として使われる。[7] ポリエステルは化石燃料産業と切っても切れない関係にあり（石油一バレル当たり八パーセントがプラスチックになる）、気候変動との密接なつながりも無視できない。[8] たとえばアメリカでは、PET及びプラスチック製品に対する需要の増加が石油化学精製工場への投資を呼び込んでいる。[9] もう一つの広く使われている繊維であるコットンに比べて、ポリエステルの製造にはかなり多くのエネルギーが必要だ。また危険な要素もある。ポリエステル製造時に触媒として使われる重金属、三酸化アンチモンは発がん性物質として知られているのだ。[10] 次の章で詳しく説明するが、衣類の製造に危険物質が使われるのは非常によくある話だ。こういった物質は、扱い方を間違えれば繊維にも工場労働者にも環境にも悪影響を及ぼす可能性があるし、さらには消費者の健康をも害する恐れがある。アンチモン不使用のポリエステルも流通し始めているので、その使用をもっと進めていくべきだろう。
最後にもう一つ重要なのが、ポリエステルや他のプラスチック系合成繊維は生分解しにくいということ。世界中で作られているプラスチック繊維の衣類はすべて、回収やリサイクルのことなど何も考えずに製造されている。プラスチックはいつまでも残り、環境の中に蓄積されていくと誰もが知っているのに。ファッション業界で再利用されるポリエステルの量はほんのわずかだし、それもプラスチック繊維の衣類からではなくペットボトルから作られたものだ。さらに私たちの衣類からは微細なマイクロファイバー〔マイクロプラスチックの発生源となる微細な合成繊維〕が大量に放出されている。アウトドアウェアのパタゴニアが行った研究によると、合成繊維のフリースジャケットを一回洗濯するごとに平均二五万個のマイクロファイバーが水に溶け出すという。[11] また同様の研究によると、アクリル製の衣類は一回洗濯機にかけるだけで七〇万個ものマイクロファイバーが放出されることがわかった。[12] このマイクロファイバーの行きつく先は、もちろん海だ。

国際自然保護連合によれば、毎年海に流れ込むマイクロプラスチックとして知られる微粒子の量は一五〇万トンにのぼり、その汚染の三四・八パーセントが合成繊維から発生しているものだ。[13] さらに最近の研究によると、マイクロファイバー汚染はコットンやリネン、ビスコースレーヨンといった繊維からも発生していることがわかってきた。海洋環境で繊維がどのように生分解していくか、私たちが持っている知識も更新していく必要がある。[14] 私たちの服から放出された微細なマイクロファイバーは、浜辺から湖まで至るところで見つかり、ビールや食卓塩といったものから海産物や飲み水に至るまで私たちが口にするあらゆるものに混入しているのだ。[15]

着用時の摩擦をはじめ、さまざまなきっかけで衣類から放出されたマイクロファイバーは最終的に海へとたどり着く。そのいちばんの移動手段は、洗濯機からの排水だと科学者たちは言う。下水処理場のフィルターをすり抜けるのだ。この私たちの周囲に大量に発生する微粒子の影響を明らかにしようと、多くの科学者たちが必死に研究を続けている。

プラスチック汚染が人間の健康と海の生きものにどのような影響を及ぼすのか、本書の執筆時点でまだ結論は出ていないが、証拠を見る限り明るい未来が見えているとはとても思えない。プラスチック繊維は、周囲の環境の有機的な汚染物質を吸い込んでいつまでも残り続ける。[16] そしてその有毒物質が魚の体内に蓄積され、さらにそれが食物連鎖の流れをたどって最終的に私たちの食卓にたどりつくのだ。[17] 危険の程度は不明だが、マイクロプラスチック汚染が今や無視できない緊急課題であることは間違いない。

ポリエステルをコンシャスに買うには

ポリエステルは基本的に安いが捨てる際には注意が必要な物質だ。決して気軽に捨ててはならない。ポリエステル製の服は必要なものだけ買い、できる限り寄付するかリサイクルする。食べ物の場合、私たちはその生産地や生産方法が書かれたラベルをよく目にする。「オーガニック」「牧草育ち」「遺伝子組み換え飼料不使用」「平飼い」などはスーパーでしょっちゅう見かける。衣類にもそういうラベルが存在する。「動物福祉基準適合」「オーガニック基準適合」「化学物質安全基準適合」などだ。こういった基準については本章で後ほど触れる。私たちはブランドに向けて、もっとそういう安全基準の取得を進めていくよう働きかける必要がある！　より安全で毒性のないポリエステルを買うためには、危険物質のテストを行っている第三者機関の認証ラベルを探そう。そういった機関にはブルーサイン、「ゆりかごからゆりかごへ（C2C）」、エコテックスなどがある。またアンチモン不使用のポリエステルにも注目しておこう。ペットボトルから作られた再生ポリエステル製の衣類や靴を買うこともできる。これによりエネルギー消費量の約六〇パーセント及び二酸化炭素排出量の四五パーセントが節約できるのと同時に、通常のポリエステルの需要を減らすことができる。[18] 現在パタゴニア、Rothy's（ロシーズ）、エバーレーン、アディダス、ティンバーランドを始めとする多くのブランドで、再生ポリエステルが使われ始めている。

またマイクロプラスチックの低減にも目を向けていく必要がある。プラスチック汚染と戦う環境保護団体をサポートする、マイクロファイバーをキャッチするランドリー・ボールやランドリー・ネットを使う、洗濯はなるべく手洗い・自然乾燥を心がけるなど、普段の生活で私たちができることはいろいろある。

しかし消費者が変化するだけではこの問題の解決にはなかなか近づけない。マイクロファイバーの発生源は非常に多岐にわたり（車のタイヤからマイクロビーズ、靴底まで）、知らないうちに私たちの体の中に取り込まれるため、科学界・産業界・政府による大々的な解決策が必要なのだ。例えばパタゴニアはマイクロファイバーの排出を削減するため、生地の加工方法の変更を研究している。他にも大局的なアイディアとして、洗濯機の改良や水処理施設での高性能フィルターの採用などが考えられる。ブランドにも政府にも、マイクロプラスチックの影響をよく研究し、危険なプラスチック汚染を食い止めるために行動を起こすよう求めていこう。

スパンデックス、ナイロン、その他の合成繊維

スキニー・ジーンズのスパンデックスからウィンドブレーカーのナイロンまで、ポリエステル以外にも現在使われている合成繊維はたくさんある。それぞれに利点があり、また環境に及ぼす影響もさ

まざまだ。たとえば伸縮性のあるスパンデックスを作る際には、よく知られた発がん性物質や大気汚染を引き起こす物質が使われている。[19]またスパンデックスはシュレッダーを詰まらせてしまうため、リサイクルやダウンサイクル〔元より価値や価格が下がる方向でリサイクルすること〕も難しい。コーティングや靴底、合成皮革に使われるポリウレタンの製造には有毒な化合物が使われ、燃やすとダイオキシンなどの有毒物質が発生する。[20]ナイロン製造時に発生する亜酸化窒素ガスは、二酸化炭素の三〇〇倍強力な温室効果をもたらす。[21]ウールの廉価版（品質もよくない）であるアクリルはアクリロニトリルから作られるが、これはEPA〔アメリカ環境保護庁〕によって「ヒトに発がん性がある可能性が高い」としてリストアップされている化学物質だ。[22]さらにどの合成繊維も作るのにかなりのエネルギーを消費する。

代替品

私たちが着ているほとんどの素材は、今よりずっと安全かつサステイナブルに製造することが可能だ。繊維産業が使用している危険な化学薬品の中には、消費者と労働者の安全を守るために使用を大幅に制限するか中止するべきものがいくつかある。買うときにはブルーサイン、「ゆりかごからゆりかごへ」、エコテックスといった化学物質安全基準の認証ラベルを探そう。たとえばアディダス、PrAna（プラナ）、パタゴニアといったブランドでは、合成繊維製品の製造にブルーサイン認証のある安全な化学物質を使用している。また最近よく見かけるようになってきた再生ナイロンを探すのもいい。これは普通のナイロンより製造時に使用するエネルギーがはるかに少ないのだ。再生ナイロンを製造する会社にはRepreve（リプリーヴ）とEconyl（エコニル）があり、その生地はパタゴニアとステラ・マッカートニーで使用されている。再生スパンデックスやポリウレタンの試験的な使用も始まっており、さらには「生合成繊維」と呼ばれる画期的な素材も誕生した。化石燃料の代わりに、砂糖や酵母といった一〇〇パーセント再生・生分解可能な原料から作られる合成繊維だ。アディダスとステラ・マッカートニーがこのバイオ繊維をプラスチック繊維の代替品として使用している。この分野では革新的な変化が起きつつあり、今後はさまざまな選択肢が増えていくだろう。本書の執筆時点でなるべく使用を避けた方がいい素材はポリ塩化ビニル（ＰＶＣ）だ。これはビニールや合成皮革の原料となる物質だが、プラスチックを軟化させるために添加されるフタル酸エステルには内分泌攪乱物質である疑いがある。[23] 現在すでに多くのブランドがＰＶＣ繊維の使用を禁止している。

コットン——人類とともに歩む繊維？

コットンはじつにさまざまな用途に使われ、世界中で愛されている繊維だ。着心地がよく、通気性があり、生分解し、手頃な値段で手に入る。私のクローゼットにある衣類の中でコットン製がもっとも多い。現在は世界一使用される繊維の座をポリエステルに明け渡したが、それでも世界の全繊維生産量のじつに二四・五パーセントを占める。[24] 経済、文化、人類の歴史におけるコットンの重要性は計り知れないほど大きい。アフリカから中東、南アメリカ、アメリカ南西部、中国、オーストラリア、パキスタン、インド、さらにその先の国々まで、コットンの育つ地域ではどこでもその土地の重要な産業となっている。中国だけでおよそ四九七〇万軒のコットン農場があるが、その大部分は小さな個人経営の農家だ。[25] インドにもおよそ六九〇万のコットン農場がある。[26] 中国とインド、アメリカだけで世界のコットン生産量のゆうに半分以上を占める。[27] コットン産業にどれほど多くの人や地域が関わっているかを考えれば、コットンの製造をもっとサステイナブルでエシカルにしていくことには非常に大きな効果が期待できると言えるだろう。

コットンの及ぼす影響──農薬・水・児童労働

コットンは洪水や干ばつ、雑草や昆虫による被害の影響を受けやすく、栽培は容易ではない。多くの国の多くの農場でその対策として行われているのが、大量の化学薬品の投与だ。すべての殺虫剤のおよそ六パーセントがコットン栽培に使われるが、これは他のどんな主要作物に使われる量よりも多い。[28] 毎年およそ二二万トンの殺虫剤と八八〇万トンの肥料が使われるのだ。[29] じつに驚くべき量ではないだろうか。この殺虫剤はほとんどが人間の健康にとっても環境にとっても非常に毒性が高く、労働者の健康を害して慢性的な病気を引き起こし、さらには空気や水や土壌の中に放出されてコットン栽培地域に住む数百万の人々に悪影響を及ぼす。国連によると、産業および殺虫剤に使用される化学薬品による汚染が、世界中の人々の死因のトップ5に入るという。[30]

また他の繊維に比べて、特にコットン栽培は大量の水を必要とする。Tシャツ一枚分のコットンを育てるのに必要な水はじつに二一六八ガロン[31]〔約八二〇七リットル〕。この数字はサステイナブルな繊維の使用を推進する非営利団体Textile Exchange（テキスタイル・エクスチェンジ）の調査によるものだ。豊富な水に恵まれた栽培地域もあるが、すべてのコットンの六〇パーセントが深刻な水不足に悩む地域や、水の供給が需要に追いつかない地域で作られている。[32] さらに田舎や貧困地帯でのコットン栽培は貧困の主要な打開策となりうる一方で、いまだに搾取的な労働が行われている地域も数多くある。労働者の権利を求めて活動している人たちは、コットンの主要な輸出国であるウズベキスタンでの国ぐるみの強制労働や児童労働の撲滅を目指して、何十年も活動を続けている。インドでもコットン産業は多くの児童労働者を抱え（その数はユニセフによると一〇一〇万人におよぶ）、実や種を摘み取る作業や、ときには危険な殺虫剤を撒く作業に従事させているという。[33]

コットンを地球と人にやさしく買うには

コットンはどこでも手ごろな値段で手に入る。しかし、だからといってコットンなら何でもいいというわけではない。コットン製品に対してもしっかり目を光らせていく必要がある。よりサステイナブルなものを手にいれるには、さまざまな方法がある。まずはオーガニックコットンを探そう。有害化学物質や殺虫剤を使わず、遺伝子組み換えをされていない種から栽培されたコットンのことだ。衣類のオーガニック認証としてもっともよく知られているのがGlobal Organic Textile Standard（オーガニック・テキスタイル世界基準：GOTS）とOrganic Content Standard（オーガニック・コンテント・スタンダード：OCS）。買う時にはこのラベルを探すといい。テキスタイル・エクスチェンジの調査によると、オーガニックコットンが使用する水の量は、通常のコットンに比べて九一パーセントも少ない。[34]「ゆりかごからゆりかごへ」認証も信頼できるラベルだ。ファッションブランドC&Aでは、二〇一八年に世界で初めて「ゆりかごからゆりかごへ」認証のゴールドレベルを取得したジーンズの販売を始めた。Cotton made in Africa（コットン・メイド・イン・アフリカ：CmiA）のメンバーである三十数社のブランドからコットンを買うのもいい。この団体はアフリカ・サハラ以南の小規模栽培者や環境にやさしい栽培活動を支援しており、メンバー企業についてはウェブサイトに記載がある。またフェアトレード認証のあるコットン製品にも目を配るようにしたい。この認証は危険な殺虫剤を使わずに栽培され、小規模栽培農家に安定した収入をもたらす製品に与えられる。フェアトレード製品の認証を行っている国際機関はたくさんあるが、Fair Trade USA（フェアトレードUSA）やFairtrade International（フェアトレード・インターナショナル）が有名だ。買い物をするときにはこういったラベルを探そう。アスレタ、Madewell（メイドウェル）、ヌーディージーンズ、People Tree（ピープル・ツリー）、プラナなど多くのブランドがフェアトレード認証のある衣料を扱っている。さらにもう一つのサステイナブルな選択肢は、再生コットンを買うこと。再生コットンの製造に必要な水は普通のコットンよりずっと少ない。化学薬品によるコットンの再生テクノロジーがエバニューのような新興企業によって開発されつつある。最後にもう一つ。Better Cotton Initiative（ベター・コットン・イニシアチブ：ＢＣＩ）のメンバー企業となっている一〇〇以上のブランドで買い物をしよう。ＢＣＩとは二一ヶ国においてよりサステイナブルなコットン栽培を目指す非営利組織で、Ｇａｐ、エイソス、Ｈ＆Ｍ、リーバイスなどがメンバーとなっている。ＢＣＩコットンは必ずしもラベルに記載があるわけではないが、ウェブサイトでメンバー企業の全リストを見ることができる。

ビスコースレーヨン——クローゼットの森林破壊者？

ビスコースレーヨンは私たちがふだん着ているものの中でもっとも見過ごされてきた不遇な生地だろう。とはいえあなたのクローゼットの中にも、この生地でできた服が必ず何着かあるはず。私たちがビスコースレーヨンにあまりなじみがないと思うのは、それがバンブー、モダール、テンセルといったいろんな名前で呼ばれているからだ。これらの素材（ときには「再生セルロース繊維」と呼ばれることもある）に共通しているのは、ユーカリ、ブナ、竹といった木材を化学的に融解し、そのパルプを原料として作り出された繊維だということだ。この素材は全般的にしなやかで柔らかな感触で、シルクやコットンの安い代替品として使われる。ビスコースレーヨンを製造する会社は限られており、一〇社の繊維系大企業が市場の八〇パーセントを支配する。[35] その上位二社がオーストリアのレンチング社とインドのアディティア・ビルラ・グループだ。繊維の原料となる木材パルプを供給するパルプ融解工場の多くはブラジルとインドネシア、カナダに集中しているが、繊維製造と生地生産工場の大部分は中国にある。[36]

ビスコースレーヨンの種類には次のようなものがある。

- **ビスコース／レーヨン**：ビスコースもレーヨンも同じ素材を説明する言葉だ。一般的にアメリカ国内で売られる服のタグには「レーヨン」が使われ、ヨーロッパでは「ビスコース」が使われることが多い。どちらにしても、比較的昔からあるビスコースないしレーヨンは、次に述べるさまざまな種類のレーヨン系繊維に比べて危険な化学物質を使用して製造される場合が多く、ビスコースレーヨン市場の七〇パーセントを占める。[37]
- **モダール**：ブナの木を原料とし、改良の進んだ高エネルギー工程を駆使してつくられるモダールは、[38]ビスコースレーヨンのなかでも耐久性にすぐれ、洗濯機でも洗える。レンチング社がモダール製造のほとんどを独占している。
- **バンブー**：竹からはリネン（麻）に似た繊維が製造される場合もあるが、ビスコースレーヨン系の繊維の原料として竹を用いることの方が多い。もともとは化学物質を大量に使うビスコースレーヨンと同じ工程で製造される（にもかかわらず「地球にやさしい製法」と偽った表示が付いていることもある）が、実際に環境にやさしい工程で製造されるものもある。
- **リヨセル**：比較的新しくサステイナブルな素材であるリヨセルは、原料の木材パルプに地球にやさしい環境で育成されたユーカリを使い、工程で使用した化学薬品を閉ループシステムで再利用している。性能の面でも大きく進化しており、レンチング・テンセルというブランド名で売られることが多い。他にもビスコースレーヨン系の生地として、キュプラ（ベンベルグ）アセテートなどがある。

ビスコースレーヨンの及ぼす影響――化学薬品汚染・地球温暖化・森林破壊

ビスコースレーヨンが環境に与える影響に真剣に対処しなければならない時が来ている。この木材由来の繊維はここ一〇年間で製造量が倍増し、今後の一〇年間でさらにそれが倍増すると予想されている。この繊維系統の大半を占めるビスコースレーヨンの製造工程は、自然や環境保護とは程遠い。[39]その製造には莫大なエネルギーが必要とされ、地球温暖化に与える影響はポリエステルやコットンの製造よりもはるかに大きい。[40]また非常に効率が悪い。森林保護団体Canopy（キャノピー）によれば、製造工程で使用される木材の七〇パーセントが廃棄物となるという。大量の漂白剤と二硫化炭素を含む強力で危険な化学物質が使われ、神経毒系の化学薬品にさらされた労働者たちの間に精神異常を引き起こすという長きにわたる暗い歴史も持っている。[41]適切な規制がなければ、パルプ工場は水質汚染を引き起こす場合もある。[42]

またビスコースレーヨンは森林破壊をも引き起こしつつある。印刷物の需要が減少していくにつれ、パルプ工場はファッション産業にどんどん頼り始めた。森林保護団体キャノピーが行った調査によると、年間一億五〇〇〇万本の木が切り倒されてビスコースレーヨンに姿を変える。つなぎ合わせれば、地球を七周する長さだ。[43]さらにもっとも憂慮すべきなのは、この繊維のために使われる木の多くは、もろく貴重な生態系を破壊して伐採されているという事実だ。すべてのビスコースレーヨンの四五パーセントにあたる素材の原料が、インドネシアやカナダの寒帯林、アマゾンなどの太古から続く貴重な森から伐り出されている。[44]森林は生物多様性と炭素隔離〔二酸化炭素の大気中への排出を抑える手段〕の源であり、原生林の破壊は気候変動を引き起こす大きな脅威となる。またビスコースレーヨン製品の環境保護偽装には注意してほしい。普通の製品に「天然素材」「環境にやさしい」「木材由来繊維」「ユーカリ繊維」などの消費者を欺く名称がつけられていることがままあるからだ。

レーヨンを地球と人にやさしく買うには

キャノピーのような団体からの圧力のおかげで、ビスコースレーヨン産業は製造工程の改善に取り組み始めた。買い物をするときには、リヨセルまたはそのブランド名であるテンセルと表示されている服を探そう。今のところリヨセルがビスコースレーヨン系の生地の中でもっともサステイナブルに作られているからだ。リヨセルの原料は成長の早いユーカリの木であり（絶滅に瀕した森林ではない）、使用される化学物質も慎重な管理のもとでリサイクルされ、環境下に放出されないようになっている。[45] またブルーサインやエコテックスの化学物質安全認証がついているビスコースレーヨンやバンブー、モダール、リヨセルを探そう。通常のビスコースレーヨンについても、環境への影響が少ないものにしていこうという試みが行われつつある。レンチング社ではエコヴェロというよりサステイナブルなビスコースレーヨンを製造しているし、ビルラも同様の試みを行っている。生地のラベルにこのようなブランド名を探してみよう。あるいはビスコースレーヨンの供給連鎖から森林を守るために活動している、キャノピーと提携しているブランドの服を買うのもいい。サステイナブルな森林の保全を目指す、森林管理協議会のメンバーになっているブランドにも注目しよう。再生素材を原料に作られ、木材を必要としないビスコースレーヨンも次第に製造量が増加してきている。たとえばレンチングのリフィブラは再生コットンの端切れを利用しているし、旭化成のベンベルグも同様にコットン端材から作られている。

レザー——環境にやさしいレザーは実現可能か？

布を織る方法を考えだす遥か前から、人類は動物の皮を身にまとっていた。レザーは耐久性があり、さまざまな用途に使え、しかも美しい。私たちにとってレザーが何にも代えがたい大切な素材であることは間違いない。また長く着れば着るほど美しさや着ごこちが増すという稀有な素材でもある。私もレザーをこよなく愛し、ユーズドのレザージャケットやパンツ、ベストをクローゼットに持っている。

レザー産業は多額のお金が動く巨大な市場であり、全世界で大勢の人々の生活を支えている。二〇一六年における全世界のレザー製品市場の取引額は九三二億ドル〔約九兆三二〇〇億円〕。毎年五〇億平方フィート〔四億六五〇〇平方メートル〕のレザーが生産される。[46] その最大の部分を占めるのは製靴産業で、中国では年間四四億足以上の革靴が製造される。[47] 原料となる皮革の主要な生産地はブラジルとアメリカ、中国。中国は革製品の製造量でもトップに立ち、次にイタリア、インド、ブラジルが続く。牛革がもっとも多く使われており他を大きく引き離しているが、山羊革、豚革、子羊革、さらにはヘビ革やワニ革といった爬虫類革もある。

レザーの課題——化学物質・炭素排出・動物福祉

レザー産業がエシカルでグリーンになっていくためには、まだまだクリアしなければならない課題がたくさんある。もっとも多く使われる牛革は、食肉産業から出る副産物だ。[48] したがってレザーの評価には、家畜産業全体の環境に対する影響を考慮に入れる必要がある。化学肥料と農薬漬けの草で家畜を育てる現在の方法、そしてそうやって育てられた家畜は、森林破壊、土壌劣化、気候変動、水質汚染といったさまざまな環境破壊の主要な原因となっている。[49] ちなみに牛は強力な温室効果ガスであるメタンガスの大きな発生源でもある。

かつて私たちの祖先は油や煙といった天然素材を用いて一つずつ皮をなめしていたが、現在のレザーは強力かつ時には危険も伴うさまざまな化学薬品を使って大量に生産され、保存される。化学薬品は三〇〇種類から四〇〇種類。レザー一ポンド〔約四五〇グラム〕の製造に必要な化学薬品の量は三ポンド〔約一三六〇グラム〕にもなる。[50] 現在もっとも多く使われているなめし剤は三価クロム。これ自体は人間の健康に有害な物質ではない。発がん性のある六価クロムは、今ではほとんどのなめし皮工場で使われなくなった。だが適切に処理しないと、三価クロムは酸化して有毒なクロムへと変化する。[51] レザー自体からも表皮、脂肪、毛、汚染水などの大量の廃棄物が出るため、その管理もきちんと行う必要がある。[52]

現代のレザー産業の大部分はかなり厳しく管理されているが、例外も見られる。たとえばバングラデシュのなめし皮工場の中には、労働者に安全装備が与えられず（しかも直接化学薬品の入ったタンクの中に立たされている場合も多い）、有毒な廃水が未処理のまま川に流されているところもある。バングラデシュのハザーリバーグにある皮なめし工場地区は、改善の努力が始まっているとは言え、今も世界でもっとも汚染された地域の一つと言われている。大規模な牧場、小規模な農場、仔牛の肥育場、食肉加工場、それぞれの場所によって動物福祉の考え方は大きく異なる。家畜産業、およびそれに連なるレザー産業における動物虐待の度合いを測るのは難しいが、この産業全体に蔓延する問題と思われる。食肉産業においてもレザー産業においても、今後はもっと内情を明らかにし、エシカルな方向を目指していくことがますます求められてくるだろう。

レザーを地球と人にやさしく買うには

レザーは私たちが着るものの中で、もっとも耐久性があり長持ちする素材の一つだ。レザー製品を買うときは長く使うことを考えて買おう。修理したり手入れしたりすれば何年も持つ。よりサステイナブルなレザーを手に入れるには、Leather Working Group（レザー・ワーキング・グループ：ＬＷＧ）のメンバーになっている七十数社のブランド製品を選ぼう。ＬＷＧはレザーのなめし皮工場を監査して認証を与える機関で、扱う量は世界のレザー生産量のほぼ二〇パーセント。化学薬品の安全性やエネルギー源と廃水の適切な管理といった点を厳しい環境基準に基づいて評価し、なめし皮工場を金・銀・銅にランクづけしている。アルド、ＺＡＲＡ、クラークス、ティンバーランドなどがＬＷＧのメンバーのほんの一例だ。他のメンバーについてはＬＷＧのウェブサイトで確認できる。またレザーについても、ブルーサインやエコテックスの化学物質安全認証を目安に買い物をすることが可能だ。本書の執筆時点で、テキスタイル・エクスチェンジも世界的なResponsible Leather Standard（レスポンシブル・レザー・スタンダード）という新たなレザー製品の基準を準備中で、これによってブランドが自社の販売するレザー製品が安全・サステイナブルかつ人道的であると認証できるようにすることを目指している。さまざまなブランドを見て回り、使用しているレザーがどこから来て製造されたか、地球に優しくエシカルな環境で作られたものかどうかはっきり示すことができるブランドを探そう（靴製造販売のNisolo〈ニソロ〉、アムステルダム発のO My Bag〈オーマイバッグ〉などがそうだ）。どこのレザーを使っているかはっきりしないブランドがあれば、聞いてみよう（その方法については第20章参照）。アップサイクル・レザー製品（衣類を解体して別の製品に生まれ変わらせたもの）やリサイクル・レザーにも注目したい。再生廃棄レザーの先頭に立つのがRecyc Leather（リサイクレザー）とNike Flyleather（ナイキ・フライレザー）だ。また動物性繊維を避けたい人たちのために、動物を使用せず、プラスチック由来の合成皮革のように環境負荷があまり高くないレザーの代替品が、最近急速に増えつつある。Modern Meadow（モダン・メドウ社）のZoa（ゾア）は酵母から、Apple Peel Skin（アップル・ピール・スキン）は有機栽培のりんごから、Vegea（ヴェジア）はブドウの皮から作られるバイオ・レザーだ。非動物性繊維の革新に詳しいジョシュア・カッチャー（作家でありヴィーガン・メンズウェアブランドBrave GentleManのデザイナーでもある）のSNSをフォローするのもいいだろう（@Brave_GentleManまたは@DiscerningBrute）。

ウール――環境保護推進により再びウールの時代は来るか？

ここまでで主要な生地の解説は済んだ。ここからはもう少し高級な生地について見ていこう。ウールは贅沢で長持ちする生地だ。驚くほど臭いやシワやシミがつきにくいし、修理とケアに注意を払えば長年の使用に耐える。また高品質のウールはかつての「チクチクしてケアが大変」という悪評を克服し、非常に柔らかで洗濯機でも洗えるようになった。軽量化も進み、今ではTシャツやスポーツウエア、スニーカーに使われることもある。私の持っている服の中でいちばん手触りが柔らかいのは、カシミアセーターでもコットンのトップスでもなく、メリノウールのファインニットカーディガンだ。

二〇一五年の時点で、世界中で一〇億匹以上の羊が育てられ、二一五〇万ポンド〔約一一三〇トン〕の原毛が生産されている。[53] ウールを生産している国は一〇〇以上、農場の数は五〇万ヶ所にのぼるが、オーストラリア、中国、ニュージーランドだけで世界中のウール製品のほぼ半分を生産する。[54] しかしウールは全世界の繊維生産量のわずか一パーセントにも満たない。ここで注意しておきたいのは、ウールという言葉には羊以外の希少な動物の毛も含まれるということ。カシミア、ラマ、ビクーニャ、キャメル、アンゴラウサギ、ヤク、モヘア（アンゴラヤギ）、アルパカなどがその例だ。ペルーには世界最大のアルパカおよびビクーニャ牧場がある。だがテキスタイル・エクスチェンジによれば、羊毛がウール市場の九五パーセントを占めている。

ウールの及ぼす影響——砂漠化・化学物質問題・地球温暖化

ウールにも環境に大きな影響を及ぼす懸念が一点だけある。それがなければ超サステイナブルな素材になりうる。すべては羊（その他の動物）が放牧され生育される環境と、加工方法にかかっている。カシミアヤギのふわふわの下毛からつくられるカシミアが、ウールの環境破壊のいい例だ。カシミア需要の急激な増加によりヤギの飼育数が爆発的に増え、それが全カシミアの三分の一を産出する中国のモンゴル自治区で土壌劣化と砂漠化を引き起こしているのだ。[55]

普通の羊牧場でも、過放牧により土壌侵食や砂漠化が起きているところがたくさんある。[56]牧草や羊そのものにも化学肥料（飼料）や殺虫剤が使われ、ウールの化学物質汚染を促進する。また生毛の汚れ落としや洗浄には強いアルカリ剤や漂白剤が使われ、大量の廃水を排出する。[57]またウールもレザー同様、繊維としては平均よりかなり高い地球温暖化ガス排出量を示す。羊が排出するメタンガスのせいだ。さらにミュールシングも大きな問題だ。これはハエの寄生を防ぐため子羊の臀部から皮膚を切り取る処置で、非人道的な行為だと非難する人も少なくない。

ウールを地球と人にやさしく買うには

コットンや合成繊維より値段は張るが、ウールはたいていの繊維より長くもつし、上質なウール製品は必ず値段以上の価値がある。流行に左右されないウール製品を買い、修理（リペア）していつまでも着よう（修理については第24章参照）。よりサステイナブルなウールを選ぶには、ＧＯＴＳまたはＯＳＣ認証のあるオーガニック・ウールを探すといい。あるいはウール製品においてもブルーサイン、「ゆりかごからゆりかごへ」、エコテックスなどの化学物質安全認証を探そう。ステラ・マッカートニーは二〇一七年に「ゆりかごからゆりかごへ」認証のウール糸を使用した最初のブランドとなった。またテキスタイル・エクスチェンジが実施しているResponsible Wool Standard（レスポンシブル・ウール・スタンダード：ＲＷＳ）の認証を受けたブランドの服を買うのもいい。この認証は動物福祉を考慮し、サステイナブルな土壌管理基準が守られているウールにのみ与えられる。Ｈ＆Ｍ、ＲＥＩ（レイ）、マークス＆スペンサーがその認証を受けたブランドの一例だ。さらにFibershed（ファイバーシェッド）という、世界中で小規模農業の復興と再生農法の支援を行っている非営利組織も注目に値する。ザ・ノース・フェイスは「炭素排出に配慮した」Climate Beneficial woolのニット帽を作っているが、このウールは排出する炭素量よりも多くの炭素を吸収する農場で作られているという意味で、ファイバーシェッドのメンバーの農場で生産されたものだ。カシミアを買うときは、どこで産出された繊維か明らかにでき、その生産方法がサステイナブルだと証明できるブランドのものを買おう。Naadam（ナーダム）のカシミアがその一例だ。再生ウールはもっとも古くからリサイクルされてきた素材であり、よい製品がたくさんある。もっと再生ウールや再生カシミアを使用するよう、ブランドに働きかけていこう。プラナとＲＥＩでは再生ウールの製品をたくさん扱っている。

ダウンとファー——動物由来の素材二種

動物由来の繊維には環境に対する責任が大きくつきまとう。ダウンはガチョウやアヒルの羽根で、ふつうジャケットの断熱保温に使われる。ダウン用の鳥を育てる工場式農場では、強制給餌と生きたまま羽をむしる処理方法が一般的だ。ダウンを買うなら、テキスタイル・エクスチェンジのResponsible Down Standard（レスポンシブル・ダウン・スタンダード）に認証されたブランドの製品を買うようにしよう。この認証は動物福祉の高い基準をクリアしたブランドにのみ与えられる。ダウンの代替品としては、ウールやポリエステルの詰め物がある。ファーについてはよりサステイナブルで人道的な代替品がいくつもある。アクリルのフェイクファーは買わないこと。環境負荷が大きく、リサイクルできない。たとえばEcopel（エコペル社）は再生ＰＥＴからフェイクファーを作っている。またリフォーメーションがデッドストックや売れ残った素材から作ったフェイクファーを売っているのもよい選択肢だ。再生可能な素材を多く使った合成ファーも出てきている。さらに本物のファーにつきものの倫理面・環境面の問題を回避したいなら、ヴィンテージものや古着を買うのも一つの手だ。

リネンとヘンプ——シワになるけどサステイナブル？

リネンは亜麻から作られる、歴史あるざらついた手触りの生地だ。リネン単体ではすべての生地の生産量の一パーセントにも満たないが、ヘンプ（大麻）、ジュート（黄麻《こうま》）、ラミー（苧麻《ちょま》）といった同属の靭皮《じんぴ》繊維を含めると五・五パーセントを占める。[58] サステイナブルファッション界の人々の中には靭皮繊維に投資している人も多いので、今後買い物をする際にはそういう繊維をもっと多く見かけることになるだろう。

リネンの原料となる亜麻の八五パーセントは西ヨーロッパで栽培されているが、リネン繊維の大部分は中国で生産・加工される。[59] アメリカではヘンプ繊維が再び脚光を浴び始めた。二〇一八年にはヘンプ農業法が可決され、ヘンプの栽培は合法化されている（それまでヘンプはTHC〈テトラヒドロカンナビノール：大麻の麻薬成分〉をごく微量にしか含んでいないにも関わらず数十年にわたって規制物質に指定されていた）。[60] ヘンプは成長が早く、栽培には農薬をほとんど必要としない。Emerson Fry（エマーソン・フライ）の一〇〇パーセントヘンプのTシャツは、私の大のお気に入りの一枚だ。柔らかいのにハリがあり、通気性にもすぐれている。

リネンの及ぼす影響／リネンを地球と人にやさしく買うには

他の生地に比べると、靭皮繊維の製造にはエネルギーもさほど必要ないし、土壌に対する殺虫剤や化学肥料の散布もほとんどしなくてすむ。[61] 靭皮繊維は非常にサステイナブルに栽培することができるのだ。買い物をするときには、リネン製品や同系統の麻製品を探そう（シワが気になる場合は小型のトラベル用スチーマーを買うか、シワも魅力と思って受け入れる）。GOTSやOCSに認証された再生リネンやオーガニックリネン（ヘンプ、ジュート、ラミー、フラックス〈亜麻〉など）を買うこともできる。アメリカで作られているCRAiLAR（クレイラー）社のフラックス繊維はサステイナブルな環境で育てられている。ヘンプももっと探してみよう。サステイナブルなTシャツを卸売市場に出荷しているノース・カロライナ州のTS Designs（TSデザインズ社）は、アメリカ国内で産業用ヘンプの栽培と収穫を行っている企業の一つだ。

シルク——光沢はあるがエネルギー食い？

シルク（絹）は美しい光沢とドレープを持ち、その八〇〇〇年の歴史を通してつねに人類を魅了してきた驚くべき生地だ。世界の繊維市場の中で占める位置はわずか〇・二パーセントだが、いまだに世界中で約三〇万軒の養蚕農家が生糸の生産に携わっている。[62] 現在シルク生産量のトップに立つのは中国で、以下インド、ウズベキスタン、ブラジル、イラン、タイが続く。[63] シルクを生み出すのは、クワの葉を食べて育つカイコの分泌液だ。一匹のカイコが一つの繭を作るのに紡ぎだす糸はおよそ三〇〇〇フィート[64]〔約九一二メートル〕。繭を茹でて繊維をほどき、生糸を取る。

シルクの及ぼす影響／シルクを地球と人にやさしく買うには——地球温暖化・エネルギー消費・化学物質

シルクは再生可能な原料から作られ、生産過程からほとんど廃棄物は発生しない。しかしクワの木の栽培には化学肥料や殺虫剤が使われることが多く、他の繊維に比べて多くのエネルギーを消費する。[65] カイコは温度管理の行き届いた部屋で飼育され、繭の乾燥には蒸気と熱風が必要なため、大量なエネルギーの消費につながるのだ。また六価クロムのような重金属を用いて染められるシルクもあるし、金属塩として知られる物質を塗布して重みをつける場合もある。こういった化学物質は人間にも環境にも有害だ。[66] シルクはこれまでにとりあげてきた他の素材のほとんどに比べて高価だが、非常に丈夫で長持ちし、しかもゴージャスだ。シルク製品はきちんと手入れすれば、必ず払った分以上の価値がある。より上質なシルクを買うには、オーガニックシルク（ＧＯＴＳまたはＯＣＳ認証のあるもの）

を選ぶか、ブルーサイン、「ゆりかごからゆりかごへ」、エコテックスなどの化学物質安全認証のあるものを選ぼう。ブルーサイン認証のあるシルクを販売しているブランドとしては、エバーレーンとアイリーン・フィッシャーがある。また Peace Silk（ピースシルク）というカイコを殺さずに生産されたシルクもあるし、Bolt Threads（ボルト・スレッズ社）では酵母と砂糖を使って合成の代替シルクを作っている。ステラ・マッカートニーではこれらの素材をコレクションに使用している。

サステイナブルな繊維チェックシート

ここまでで繊維とその環境に与える影響について詳しい知識が得られたはず。ここでサステイナブルな素材を手に入れるためのヒントとチェックポイントをおさらいしておこう。

・**再生素材**：再生ポリエステル、再生ナイロン、再生コットン、再生カシミア、再生ウール、どれも製造時に必要なエネルギーや資源はオリジナルよりも少なく、廃棄物も少ない。Recycled Claim Standard（リサイクル表示基準）認証のラベルを探すのもいい。

・**安全性・無毒性**：買い物をするときには安全でサステイナブルな化学物質管理の認証がある服を買おう。ブルーサイン、「ゆりかごからゆりかごへ」、エコテックスの認証があるものがいちばん信頼できる。オーガニックの認証があるということは、化学物質の使用についても安全性が保障されているということだ。

・**オーガニック**：オーガニック認証はリネン、コットン、ウール、シルクといった天然繊維に与えられるもので、有毒な化学物質や殺虫剤を使用せず、遺伝子組換えの行われていない種子で栽培された素材であることを保証する。GOTSがもっとも厳しい基準であり、原料の栽培だけでなく繊維の加工にもその基準が適用される。

・**フェアトレード**：フェアトレード製品は発展途上地域の小規模生産者を支援し、貧困の解消とサステイナブルな開発を目指すものだ。フェアトレード製品を認証する国際機関はフェアトレードUSA、フェアトレード・インターナショナルなど多数ある。フェアトレード・インターナショナルやGood on You（グッド・オン・ユー〔エシカルファッションの格付けサイト〕）のウェブサイトを見て賛同するブランドのリストをチェックしよう。

・**Bコーポレーション**：よりサステイナブルな素材を購入する簡単な方法の一つとして、Bコーポレーション（Bコープ）認可のブランドを探すのもいい。Bコープとは、第三者機関によって高いエシカル及びサステイナブルな基準をクリアしたと認められている営利企業のことだ。中には製品に「Bコーポレーション認証」のラベルをつけている会社もある。グーグルなどで検索してみればより詳しい情報が得られるはずだ。Bコープ認証を受けている有名なアパレル企業としては、パタゴニア、アイリーン・フィッシャー、MUD Jeans（MUDジーンズ〔オランダ発貸しジーンズ会社〕）、Allbirds（オールバーズ）、Nisolo（ニソロ）、Outland Denim（アウトランドデニム）などがある。

次世代の繊維

これまで本章の中で、ファッション産業を作り変えつつある新世代の繊維についていくつかとりあげてきた。石油由来でない合成繊維、動物由来でないレザー、果物の皮やキノコやさらには古着からつくられる繊維といったものはもう想像の世界の話ではなく、現実に存在している。ほとんどの伝統的な繊維は近い未来にもまだ製造されているだろうが、日に日に増え続けるよりサステイナブルなファッションへの需要に応えていくためには、今あげたような画期的な新素材が必要だ。ここまでに触れてこなかったサステイナブルな新素材をもういくつか紹介しよう。これらの素材はそのうち必ずあなたのクローゼットの中にも入ってくることになると思う。まずはパイナップルの葉から作られるレザーの代替繊維ピニャテックス（ヒューゴ ボスが使用）。ボルト・スレッズ社のMylo（マイロ）はキノコから作られるフェイクレザーだ。イタリアの新興企業Orange Fiber（オレンジ・ファイバー社）では柑橘類の廃棄物から繊維を作り出している（サルヴァトーレ・フェラガモが使用）。ウォーン・アゲイン社ではポリエステルとコットンの混紡繊維やペットボトルを使って新しい服の素材を作っているし、モダン・メドウ社では酵母から合成のレザー代替品を生み出している。VitroLabs（ヴィトロラブズ社）は動物由来でない合成レザー及びファーの研究を続けているし、10XBeta社では何と！　再生二酸化炭素から靴を作り出している。買い物をする際には、ぜひこういったすばらしい新素材に目を向けよう。

私たちが身にまとうほとんどすべての素材が、よりサステイナブルな方法で栽培・製造することができる。昔からある製造方法に比べてよりサステイナブルな方法で製造される素材のことを、オリジナルの素材の「上位互換素材」と呼ぶ。たとえばポリエステルの上位互換素材は再生ポリエステル、コットンの上位互換素材はオーガニックコットンあるいはBCI認証を受けたコットン、レザーの上位互換素材はLWGによる認証・調査を受けたレザーだ。上位互換素材を意識するようにすれば、サステイナビリティには白か黒しかないという極端な考え方にとらわれることはなくなるだろう。私たちが着るもののあらゆる段階において環境負荷を減らしていくという大きな目標を達成するためには、もっと柔軟に考えていく必要があるのだ。

第19章　化学物質のないクローゼットへ

私たちの衣類の製造には、漂白・洗浄・軟化・増白・撥水・防汚といった目的のために何千種類もの化学物質が使われている。その他にも染色のため、合成繊維の場合には繊維そのものを作るためにも使われる。化学物質は繊維産業になくてはならないものだ。だが私たちの着ているものの中にひそむ化学物質の危険性に警鐘を鳴らす声が高まっている。本章では危険な化学物質から自分の身を守り、有毒物質を追放することをアパレル産業全体に働きかけていく方法について述べていく。

毎年四六〇〇万トンの化学物質が繊維の製造に使われる。[1]その大部分は無害なものだが、中には人間にも環境にも危険な物質として知られながら使用され続けているものもある。スウェーデン政府が二〇一四年に行った調査によると、今日使われている繊維関連の化学薬品二四〇〇種類のうち一〇パーセントが人間の健康に対して「潜在的な危険」を抱える物質であり、その多くが皮膚炎やアレルギー反応、喘息を引き起こす可能性があるという。[2]さらに大きな問題は、繊維関連の化学薬品の中には発がんや内分泌攪乱、生殖機能の異常との関連を疑われる物質もあるということだ。たとえばシワ防止加工に用いられるホルムアルデヒドは、ラットに鼻腔がんを引き起こすことが知られている。[3]またフェイクレザーやビニールに使われるフタル酸エステルの一種は、動物実験で生殖機能の発達に遅れを生じさせることがわかっている。[4]

では人間に対する脅威はどの程度なのだろうか。私たちの買う衣類には非常に少量の危険な化学物質が残留しており、それが肌に吸収されたり体内に吸い込まれたりする。シャツ一枚あたりに残留する量は微々たるものだが、繰り返し着るうちに体内に蓄積すると専門家は心配する。「あなたのシャツから放出される残留物はまったく無害なものかもしれませんが、それが蓄積されていくとなると別の話になるのです」と警告するのはMcDonough Braungart Design Chemistry（マクドノー・ブローンガート・デザイン・ケミストリー：ＭＢＤＣ）の社長ジェイ・ボーラス。彼は「ゆりかごからゆりかごへ」製品認証プログラムの提唱者でもある。ホルムアルデヒドが使われるのは衣類だけではない。家具の木材防腐剤として一般的だし、マットレスの製造にも使われることがある。つまりこの物質にはシャツを着るときだけでなく、机の前にすわったりベッドで寝たりするときにも少しずつ触れているかもしれないのだ。

だが毎日着ているシャツや寝ているベッドと、がんのような慢性的な病気との間に、はっきりとした結びつきを証明するのは難しいかもしれない。そこがこの問題のいちばん面倒な点だ。私たちが生活の中で使う製品のほとんどに危険な化学物質が使われている。さらに私たちが着るものに使われる化学薬品の種類は膨大な数にのぼり、どの物質にどのくらいの期間さらされるかもまちまちなのだ。「とにかく我々はこのような危険な物質が使われていることを、少なくとも知っておくことが必要です」とボーラスは言う。[5]

市場に出回る化学物質の安全性については、知られていることよりも知られていない事実の方がさらに問題が大きい。ＥＰＡ〔アメリカ環境保護庁〕によって一九七六年に有害物質規制法が制定される前は、六万種類の化学物質が政府による安全テストもないまま市場に出回っていた。[6] その物質はあちらこちらに残留し続けている。科学者たちは化学物質や衣類と病気との因果関係を研究し続けているが、不明なことが多すぎて、有害な化学物質にどこまでさらされても大丈夫なのか、その基準を明らかにすることは難しい。

さらにファッションの有害物質への依存状態は繊維を製造する国々の河川を汚染し、それが海に流れ込んで海洋生物を害し、食物連鎖の中で影響を与える。[7] 私たちがもっとも関心を持っているのがそこで働く人々のことであれ環境であれ自分自身の健康であれ、危険な化学物質の使用は安全の面でも倫理の面でも許されないというのが世間一般の常識になりつつある。「繊維産業に向けられる目はますます厳しくなりつつあります」とボーラスは言う。「衣類に残留する危険物質にも廃水として河川に流される危険物質にも、人々は次第に注意を向けるようになってきています」[8]

最近まで、有毒化学物質に対する危険性の証明責任は（特にアメリカでは）消費者側が担うものとされてきた。この「疑わしきは罰せず」という姿勢が、私たちの健康と環境を危機にさらす結果となったのだ。「もう消費者がその物質が有害だと証明するのではなく、売る側に安全だと証明してもらおう、ということなのです」とボーラスは言う。[9] 次第に多くの政府やブランドが有害化学物質をできる限り排除し、その他の化学物質もテストした上で規制していこうという努力を始めている。今では化学物質の使用についてもこのような安全第一、予防優先の考え方が標準になってきた。私に言わせれば、それはごく当然のことだ。もちろんすべての化学物質を恐れる必要はない。ほとんどは現代の生活には欠かせないものだ。だがその使用をめぐる基準は変えていかなければならない。

衣類における化学物質の脅威に対して行動を起こしているのはどんな人たちだろうか？　二〇〇七年以降、ＥＵのＲＥＡＣＨ（化学物質の登録、評価、認可及び制限に関する規則）は繊維への化学物質の使用に対して世界でもっとも厳しい基準を設定し、ホルムアルデヒドを含む多数の発がん性物質や変異原物質、生殖毒性物質を禁止している。アメリカでは延び延びになっていた有害物質規制法の改正法が二〇一六年にやっと成立されたことが大きなきっかけとなり、ＥＰＡが現在使用中のすべての化学物質を見直し、新規の化学物質の危険性を市場投入前に評価することになった。環境ＮＧＯグリーンピースはデトックス・キャンペーンを掲げて衣料チェーン店の有毒化学物質を調査し、ファッション産業の改革を推し進める先頭に立っている。これに応えて、多くのブランドが製造時の制限化学物質リストを作成したり、ZDHC（有害化学物質排出ゼログループ）の Roadmap to Zero（ロードマップ・トゥ・ゼロ・プログラム）に参加したりしはじめた。ZDHCはファッションチェーンにおける有害物質関連の業界基準を設定しようと活動しているブランドやメーカーのグループ。この活動は消費者にも環境にも大きな利益をもたらすものだ。またこれまでにも述べてきたように、「ゆりかごからゆりかごへ」のような第三者による認証もたくさんある。こういった認証制度は消費者にも製造者にも、今私たちが着ているものが安全だという安心感を与えるために考案されたものだ。

注意すべき有毒化学物質

残念ながら繊維産業で使われている有害化学物質のすべてをここでリストアップすることはできない。もっと詳しいリストが知りたい場合は、グリーンピースのデトックス・キャンペーン有毒化学物質リストを見るか、ZDHCのロードマップ・トゥ・ゼロ制限物質リストを見てほしい。[10] 次に知っておくべき有害化学物質をいくつか挙げ、それに対する身の守り方についてもヒントをまとめた。

・**ホルムアルデビド**：衣類の防シワ加工やノーアイロン加工に使われる化学薬品からは、発がん性物質として知られるホルムアルデヒドが放出される。[11]

・**トリクロサン／トリクロカルバン**：抗菌加工によく使われるこの化学物質は、スポーツウェアの臭いの元になる細菌を殺すためのものだ。銀とトリクロサン／トリクロカルバンを含有する衣類は、抗菌耐性と成長のレベルや生殖ホルモンに影響を与える内分泌撹乱につながると考えられる。[12]

・**フタル酸エステル**：プラスチックの軟化に使われる場合がもっとも多いが、フェイクレザーや合成ゴムなどのＰＶＣ軟化剤に使われたり、衣類のプラスチックコーティングに使われたり、染料に使われたりすることも多い。もっとも心配なフタル酸エステルはＤＥＨＰと呼ばれるもので、生殖に対する毒性を持つ。[13]

・**難燃剤**：中には有毒なものがある。レザーや繊維の難燃剤や仕上げ剤、またプラスチックコーティング剤として使われる短鎖塩素化パラフィン（ＳＣＣＰ）は海洋生物にとって有毒であり、発がん性があると思われる。[14]また臭素系難燃剤や塩素系難燃剤（ＢＦＲやＣＦＲ）は環境の中にいつまでも残り、生殖毒性に関係があるとされる物質だ。[15]

・**パーフルオロ物質（ＰＦＣ）**：撥水処理や防汚加工によく使われるもので、環境の中にいつまでも残る。肝臓に悪い影響を与えたり、内分泌撹乱物質として作用したりする。[16]

第20章　コンシャス・スーパースターとベター・ビッグ・ブランド

私たちは新しい服を買うたびに、自分たちの望む未来に対して小さな一票を投じている。これはよく言われるたとえだが、服の持つ力を過小評価しているのと同じだ。ファッションの創りだす機会は小さな一票どころではない、巨大な力を秘めている。アパレルブランドや小売ショップは今や世界でもっとも大きな力を持つ企業なのだ。地球と人にやさしいファッション企業は職人の技を復活させ、貧困を減らし、女性に力を与え、サステイナブルな行動を推し進める手助けをする。つまりファッションが大好きな私たちは、おしゃれをしながら地球にやさしい行いもできるということだ。

コンシャス・スーパースターはファッション業界の中でもっとも厳しい基準を設定しているアパレルブランドのこと。エシカルでサステイナブルな新しいビジネスモデルを切りひらく先頭に立つ。よりサステイナブルな素材を選び、より透明な経営をこころざし、仕入先の人々にも適正な賃金を支払おうとしている。すべてにおいて完璧な企業は存在しないが、コンシャス・ブランドは信頼するに足るし、正しい行いを求める市民からの要求にも真摯に応えていこうとする姿勢を持つ。リフォーメーションとアイリーン・フィッシャーがその二大ブランドだが、他にも多数のブランドがある。これらの服を着るということは、エシカルでサステイナブルでありながら美しい服を手に入れるということだ。会社のDNAの中にサステイナビリティとエシカルな製造方針が組み込まれたコンシャス・スーパースターのブランドが、旧態依然の会社に比べて急速な成長を遂げているのは、まったく当然のことと言えるだろう。

コンシャス・スーパースターを探すには

現在、コンシャス・スーパースターと言えるブランドは世界中に何千とある。対抗する巨大小売チェーンが実店舗中心なのに対して、比較的小さくて新しく、ネット販売中心だ。どこか特定のブランドをとりあげるかわりに（どのみちここで全てのブランドをリストアップするのはとうてい無理だ）、あなたのスタイルや価値観にぴったりあったブランドを探し出すための方法をここでお教えしよう。次のヒントを参考に、自分で見つけてみてほしい。

・アプリでサーチ！　コンシャス・ブランドをまとめて勧めてくれるアプリやサイトがいくつかある。Good on You というアプリでは、ファッションブランドの倫理とサステイナビリティを「Great（優良）」から「We Avoid（最悪）」まで五段階に分けて評価し、よりエシカルな選択肢を紹介し、さらに水着・ドレス・子供服などといったカテゴリーごとに検索をかけることもできる。同様に Done Good（ダン・グッド）もサステイナブルでエシカルなブランドをグーグルで探すときに役立つ拡張機能だ。直接 Done Good のサイトを使って検索することもできる。Rank a Brand（ランク・ア・ブランド）という格付けサイトでは、各ブランドをAからE（不合格）までランク付けしている。いくつかのサイトを見て回って、ブランドのランキングを比べてみるといい。それで大体そのブランドがどんな姿勢を持っているかわかる。

もっと詳しい情報が欲しい場合は、次の二つの年次報告書にあるブランド・ランキングを調べてみよう。一つはオーストラリアの慈善団体 Baptist World Aid（バプティスト・ワールド・エイド）

が発行しているEthical Fashion Report（エシカル・ファッション・レポート）。この報告書は労働者の権利とサステイナビリティに対する努力を評価するものだ。もう一つはファッションレボリューションによるFashion Transparency Index（ファッション・トランスペアレンシー・インデックス：ファッション透明度指数）。こちらは世界のトップブランド一〇〇社以上の労働や環境に関する報告と透明性を評価している。どちらもネットで無料で読むことができる。本書の執筆時点で、こういったアプリやサイトでつねに上位にランクされている独立系のコンシャス・ブランドとしては、ピープルツリー、エティコ、ヴェジャ、Loomstate（ルームステイト）、ヌーディージーンズ、Kowtow（カウタウ）、Amour Vert（アムール・ヴェール）などがほんの一例だ。他にもすばらしいブランドがまだまだたくさんある。私自身のサイトでも、ベター・ビッグ・ブランドとコンシャス・スーパースターのリストを更新していくようにしている。

・**グーグルでサーチ！**　エシカルでサステイナブルなファッションブランドをグーグルで調べれば山のように出てくる。とりあえず手始めとして私のサイトの一覧をチェックすることから始めてみてもいいが、他にも数え切れないくらいたくさんある。「エシカルでサステイナブルなブランド」でサーチしてみるか、「アップサイクル・レザー」「サステイナブル・デニム」「オーガニックコットン 下着」などのキーワードを入れてみよう。たとえば「アップサイクル ストリートウェア」で検索してみると、Public School（パブリックスクール）というブランドが見つかる。

・**SNSでサーチ！**　コンシャス・ブランドはSNSでもファッションをリードしている。刺激的な新規ブランド、インディペンデント系の社会的に高い意識を持つデザイナーなど、新しいものはすべてSNSで見つかる。たとえばProclaim（プロクレイム）、Study New York（スタディ・ニューヨーク）、Grammar（グラマー）はアメリカで女性用ファッションと下着を手がけるブランドとして有名だ。インスタグラムで #ethicalbrands、#fairtrade、#consciousfashion、#sustainablestyle、#sustainablebrands、#inclusivefashion といったハッシュタグを検索してみよう。いくつかフォローすれば、同じようなユーザーやブランドのサジェストがついてくるはずだ。

・**コンシャス・ファッションのインフルエンサーやブロガーをフォロー！**　ＳＮＳにはコンシャス・ファッションを探して紹介してくれるおしゃれなインフルエンサーやブロガーがいる。「エシカルファッション・インフルエンサー」のリストをグーグルでサーチして、ＳＮＳでフォローしてみよう。Good on You にもそういった有名ブロガーをまとめたページがある。ネットでコンシャス・ファッションの著名なアイコンたちのページを読むのもいい。エマ・ワトソン、ロザリオ・ドーソン、オリヴィア・ワイルド、アンバー・ヴァレッタなどがフェアトレードやサステイナブルなファッションに支持を表明しているスターとしてよく知られている。エマ・ワトソンは特にコンシャス・ファッションの支持者として精力的に活動を続けており、自らのインスタグラムのアカウント The Press Tour をフォローする四〇万人近いファンに向けて地球と人にやさしい服を紹介している。同じく女優のロザリオ・ドーソンは高い職人技術を誇るブランド Studio 189 の共同設立者だ。このブランドは二〇一八年にアメリカファッション評議会のサステイナビリティ賞を受賞している。

・**つねに勉強！**　コンシャス・ファッションが増えていくにつれて、今挙げたような検索方法もどんどん更新され拡大していくことになると思う。私のウェブサイトでも役にたつ情報をどんどん更新していく予定だ。

エシカルでグリーンなビッグ・ブランドはどれか

コンシャス・スーパースターがすばらしいのはわかったが、ファッション世界の大部分を牛耳る巨大ファッション企業はどうなのだろう？　エシカルでグリーンな服を作ろうと何か努力しているのだろうか？　ビッグ・ブランドや有名ファッション複合企業は何百、ときには何千もの仕入先を世界中に抱え、一つの会社ごとに年間何億・何十億ものアイテムを作りだす。そういった巨大企業がエシカルやサステイナブルな方向へと舵を切るのは、中小の企業よりも難しいはずだ。しかしその巨大な規模ゆえに大きな影響力を持つビッグ・ブランドが少しずつでも変化していけば、ファッション業界全体に限りなく大きな変化をもたらすだろう。よりサステイナブルな材料を使う、より高い賃金を払う、重役人事や広告やファッションショーをもっと人種構成が豊かで偏りのないものにするなど、変えていくべきことはたくさんある。ビッグ・ブランドをリサーチし、サステイナブルでエシカルなファッションを目指して努力しているブランドを探しだす方法を次にまとめてみた。

・**ここでもアプリでサーチ！**　やはりGood on Youはここでも非常に役にたつアプリだし、先ほど挙げたエシカル・ファッション・レポートやファッションレボリューションのファッション・トランスペアレンシー・インデックスもメジャーなブランドの格付けを行っている。上位にランクインするのは比較的小さな会社が多いが、リーボック、パタゴニア、アディダス、C&A、G-Star（ジースター）、マークス&スペンサーといったビッグ・ブランドは現在Good on Youで「Good（良。上から二番目）」の評価を得ている。トランスペアレンシー・インデックスで他社より高い評価を得ているのはアディダス、リーボック、プーマ、H&M、また二〇一八年度のエシカル・ファッション・レポートでAランクを得ているのはアディダス、Inditex（インディテックス）、Lululemon（ルルレモン）、Hanes（ヘインズ）、パタゴニアといったブランドだ。ただしこれも決定的な評価というわけではない。第三者機関による具体的な基準（前の章で幾つか挙げたもの）を調べるなどして、自分の目でさまざまなブランドのランキングを比較検討してみることが大切だ。また自分の見ている情報が新しいものなのかどうかも必ずチェックしよう。この分野の変化するスピードはおそろしく早いからだ！

・ホームページをチェック！　インターネットでリサーチすればブランドやショップについて多くの情報を得ることができる。サステイナビリティや社会問題に関する情報は、たいていブランドのホームページの中で一つか二つのパートにまとめてある。「サステイナビリティ」「企業責任」といった名前の付いたリンクやセクションを探してみよう。原材料から販売に至るまでの詳しい情報、細則、データ、写真やビデオなどの掲載が多ければ多いほど信頼がおける。そういった基本的な情報を探すのに手間どるような企業は要注意だ。さまざまなアパレル企業のサイトを見て回って、どこまで情報を公開しているか比べてみるといい。たとえばアイリーン・フィッシャー、パタゴニア、ジースター、リフォーメーションといったブランドでは、社会やサステイナビリティに対する姿勢を調べたいと思えば簡単にリンクを見つけることができる。さらに一歩踏み込んで、労働条件や環境問題に対する取り組みを明確な基準のもとに公開しているすばらしいブランドもある。企業の労働・環境問題に対する姿勢を評価する基準としては、次のようなものがある。

◇サステイナビリティ基準：サステイナブルな水・エネルギー・化学物質・炭素・廃棄物利用に対する明確な目標設定があるかどうかを調べよう。目標達成のための期限が設定されているか、進捗状況の報告がされているかもチェックする。

◇全工場と仕入業者のリスト開示：エシカルなブランドは情報を隠さず全て公開する。原材料の生産者（コットン農場、皮なめし工場など）を含むあらゆる工場と仕入先のリストを調べよう。工場内で適正な賃金が支払われているかといった詳細な情報も調べよう。ファッションレボリューションによれば、二〇一八年一一月の時点で六八企業の一七二ブランドが、衣類を製造している施設の少なくとも一部を公開している。[1]

◇生活賃金達成の目標設定：衣料工場労働者に生活賃金〔最低限の生活水準が維持できる賃金〕を支払っているブランドはきわめて少ない。しかしできれば、生活賃金の支払いに向けて目標を設定しているブランドの服を買うようにしたい。生活賃金を得るための闘いについては、第6部「ファッション革命」で詳しく述べる。

・**ブランドに聞く！**　好きなブランドが社会や環境に対して何か取り組みをしているのかどうかわからなかったら、直接聞いてみよう！　いちばん早いのはSNSでコメントしたりメッセージを送ったりすること、あるいはカスタマーサービスにメールを送ることだ。たとえばこんなことを質問してみる。「こんにちは。私はこのブランドの洋服が大好きです。でもその服がどうやって作られているか、もっとよく知りたいと思うんです。服はサステイナブルに作られていますか？」「こんにちは。私はこのブランドのバッグの大ファンです。でも危険な労働環境のことがとても気になるのです。工場のことについてもう少し詳しく教えていただけませんか？」必要なら何度かメールを送ってみよう。信頼に足るブランドであれば、必ず私たちの質問をないがしろにせず対応してくれるはずだ。

・**環境および社会正義問題をネットでリサーチ！**　労働者の権利や環境問題に対する企業の取り組み方やその進捗状況について、インターネットでさらにリサーチしてみよう。労働ストライキのニュースや最低賃金上昇を求める声、従業員や広告への有色人種女性の採用度などを調べてみるといい。さらに公正なファッション産業の実現を目指して活動している非営利団体や労働権利団体のサイトをチェックして、人権運動のターゲットになっているブランドがないかチェックしてみよう。衣料工場労働者を守るために活動している団体としては、Clean Clothes Campaign（クリーン・クローズ・キャンペーン）、ファッションレボリューション、International Labor Rights Forum（国際労働者の権利フォーラム）、United Students Against Sweatshops（反スウェットショップ学生同盟：ＵＳＡＳ）、Garment Worker Center（ガーメント・ワーカー・センター）、Labour Behind the Label（レイバー・ビハインド・ザ・レーベル）などがある。またファッション関連の環境問題に関しては、グリーンピース、世界自然保護基金（ＷＷＦ）、Natural Resources Defense Counsil（天然資源保護協議会）が積極的な活動を行っている。

好きなブランドがエシカルでなかったら？

自分の好きなブランドが環境を汚していたりスウェットショップを利用していたりするとわかったらやはりショックだし、人権問題や環境問題に対する姿勢を何も表明していないとしたらガッカリだ。だが万一そういうケースに出会ったとしても、私たちにできることはたくさんある。先ほど「ブランドに聞く！」のところで述べたように、メールや電話、あるいはショップで直接ブランドに訴えかけていく、第6部「ファッション革命」で詳しく述べているような労働人権運動に参加する、またランキングで下位のブランドで服を買うのはやめて上位のブランドに変えていく、などの行動を起こすことが業界全体の変化につながっていくはずだ。

エセ環境保護、偽エシカルを見破るには

サステイナブルでエシカルな衣料への需要が高まるにつれて、コンシャス・ファッションの流れに便乗して商売しようとする詐欺師まがいの輩も現れ始めた。実際は違うのに「グリーン」「環境に配慮」「オーガニック」「エシカル」と銘打っているだけの服が増えている。スウェットショップで作られているTシャツにフェミニストのスローガンが書いてあったり、消滅の危機にある森の素材から作られたレーヨンの服に「ナチュラル」という表示があったりするのがそのいい例だ。幸いそういうエセ環境保護・偽エシカルは、少し調べればすぐわかる。本書の第4部を読んだあなたは、すでにサステイナブルな素材についてかなりの知識を得ているはずだ。服を買う前に、次の四つの点を確認してそのブランドが本当にエシカルでサステイナブルなのか見きわめよう。地球と人にやさしいファッションブランドは必ず次の事項を守っている。

- **言動が一致している。**包装材をリサイクルしたり本社の屋上にソーラーパネルを設置したりするだけでは、自社の製品をサステイナブルに作っているとはとても言えない。大義名分のためにお金を出すだけでなく、サステイナブルかつ偏見のない事業を行い、正当な生活賃金を支払った上で収益を得ているブランドを探そう。
- **表示の根拠を明示している。**自社の製品を「グリーン」「エシカル」と表示しているブランドは、製品のラベルやウェブサイトにそれがグリーンでありエシカルである証拠を明示しておかねばならない。何をもって「グリーン」と言っているのか、その詳細な根拠が必要だ。

・**外部団体と連携している。**第三者認証機関、非営利団体、労働組合、超党派組織などの外部団体との連携も、そのブランドが責任ある経営を行っている証拠になる。レザー・ワーキング・グループ、キャノピー、Sustainable Apparel Coalition（サステイナブル・アパレル・コアリション）、Ethical Fashion Initiative（エシカル・ファッション・イニシアチブ）、Bangladesh Accord on Fire and Building Safety（バングラデシュの火災と建物の安全に関する協定）、Organic Cotton Accelerator（オーガニックコットン・アクセラレーター）、テキスタイル・エクスチェンジといった団体のメンバーになっている企業を探そう。

・**説明責任を果たしている。**コンシャス・ブランドには何も後ろ暗い部分はないので、経営や製品の製造過程に関する質問に何でも包み隠さず答えてくれるはずだ。また過ちを犯した時や、問題に対してまだ十分な取り組みができていない時にも、そのことをきちんと説明してくれるだろう。

ファッションの本当の価値

お値打ち品を手に入れるときもデザイナーズものに大枚をはたくときも、実は私たちがファッションの真の価値に見合った価格を支払うよう求められていることはほとんどない。私たちの服が生み出す汚染や炭素排出、廃棄物、貧困といった問題は、その価格には計上されていないのだ。より安全で正当な賃金の支払われる工場や農場を運営し、より質のよいサステイナブルな素材を使って、より長持ちする製品を作れば、必ず今よりコストはかかるだろう。しかし、だからといってエシカルでサステイナブルな服がとても手の届かない高価なものになってしまうのも問題だ。

なぜエシカルでサステイナブルなブランドは高めの価格設定になってしまうのか。全般的にそういうブランドの製品は質が高く、高価な素材を使っており、また品質管理と流通速度の向上のためアメリカやイタリアといったいわゆる高賃金の国で生産される場合が多い。また海外で生産される場合も比較的高い賃金が支払われており、それが販売価格に多少の影響を与えている。といっても第6部で詳しく説明するように、たとえ生活賃金を支払っても、衣料の小売価格に反映される額はせいぜい一ドル程度ですむのだが。

小売価格を決める最大の要因は、とにかく量だ。『ファストファッション』で説明したように、Gap、ナイキ、ターゲット、ウォルマートといったメジャーな企業は、同じようなスタイルのアイテムを何万、何十万、何百万という単位で量産することも珍しくない。[2] そこからさらに数年が経った今、ZARAを所有するインディテックス・グループでは年間一四億枚の衣類を製造している。[3] こういった会社なら、開発や広告や素材にかかる費用を、その膨大な量の製品にまんべんなく分散することができる。それに比べてコンシャス・ファッションのブランドは、本章で説明してきたように独立系の新興企業などの小さな会社であることが多い。できればコンシャス・スーパースターのブランドには、小規模なますますばらしい服を作り続けてもらうのが理想的だ。独立系の事業を守り育ててこそ、経済は厚みを増し、私たち消費者の選択肢も増える。もちろん小規模であるからこそ、環境破壊に及ぼす影響もビッグ・ブランドに比べてはるかに少ない。

だからこそビッグ・ブランドにはさらなる努力を期待したい。大企業がその巨大な規模の経済力をもって真剣に取り組めば、サステイナブルな素材の価格を下げ、さらには繊維のリサイクルや無毒な染料の開発からクリーンエネルギーによる工場の稼働に至るまで、環境にやさしい活動の研究開発を推し進めることができるはずだ。より高い賃金の支払いも明らかに可能だろう。小さな会社に値段を下げることを求めるより、大企業がもっとサステイナブルでエシカルなファッションを広めていくことを考えるべきなのだ。

想像してみてほしい。私たち全員が一週間のうちのほんの数分、あるいは買い物に支払う金額のほんの一部をさいて、よりエシカルでサステイナブルなブランドをサポートしていったら、世界はどうなっていくだろうか。日常のほんのわずかな時間を使って、私たちが着ているものがどうやって作られているかをすべて明かし、もっと安全でサステイナブルでエシカルな製品を作っていってほしいとビッグ・ブランドに要求していったらどうなるだろうか。きっと世界は変わると思う。ファッションの未来は今よりずっと明るくなっていくはずだ。すでにそのきざしは見え始めている。

第**5**部

一生モノを目指す

Make It Last

服は大事にしなくちゃ！
昔からの大切な友だちのように。
――ジョーン・クロフォード

第21章　もっと長持ちする服へ！

整ったクローゼットを手に入れたあなたは、それをできるだけ長持ちさせたいと思うに違いない。安値で買った服だろうと大枚はたいて買った服だろうと、一夜限りの服だろうと長年着るつもりの服だろうと、どんなものにも正しいケアは絶対に必要だ。と言われると、ちょっと尻込みしてしまう人もいるかもしれない。毎日の洗濯やシミ落としが好きな人なんていないだろう。でもちょっと待って！　服のケアを好きになることは、誰にだってできる。第5部を読めば、簡単でサステイナブルでしかも楽しいケア方法がわかる。それを実践していけば、あなたの服はずっと長持ちするようになるはずだ。

二〇一四年のある研究によると、ファストファッションで育ったミレニアル世代（一九八〇年〜二〇〇五年頃に生まれた世代）は、親や祖父母の世代に比べてごく基本的な衣類修繕や洗濯技術の知識がごっそり抜け落ちているという。[1] またイギリスの消費者に関する別の研究によれば、服にシミがついた時に一度シミ抜きを試して落ちなかったら、三分の一の消費者がその服を捨ててしまうらしい。そもそも四分の一の人たちは、安い服ならシミ抜きを試そうともしないという。[2] ファッション産業はいわゆる「お手入れ簡単」な服を売り出し、洗剤会社や洗濯機を作る会社はシミ取りや洗濯の手間の軽減を進める。その代償として環境に対する負荷はどんどん大きくなっていく。私たちが身につけてしまった、昔とはかけ離れた使い捨ての姿勢が洗濯機の周囲にまで広がり、服に対するお手入れの知識はどこかへ消し飛んでしまった。近所のゴミ捨て場には、まだ着られる服が毎日のように捨てられている。古着の仕分けをしていると、少しやり方を知っていればあっという間に直せてしまうようなちょっとした汚れや破れのある服が、ごまんと捨てられてくるのを目にする。洗濯機と乾燥機は二四時間いつでも使えるが、これって本当に時間の節約になってるのかしら？　という疑問がふと頭によぎる。そう、じつはもっと上手に時間を節約する方法は別にあるのだ。

では服は一体どれくらい持つものなのだろう？　答えはさまざまだ。ジーンズやTシャツ、靴下、ベーシックなニットといった日常に着るカジュアルな衣類だと、普通に着て洗濯していたら最低でも一〇〇から三〇〇回、あるいは三年は着られるはずだ。[3] それを基準に考えてみよう。第16章で、消費者の中には三回着ただけで服を身につけなくなってしまう人も多いという話をした。これは普通の衣類の耐用回数のわずか三パーセントだ。[4] スーツやブレザー、ジャケット、コート、オーダーメイドのドレスといった上質なアイテムならもっと耐用年数は長く、きちんとお手入れすれば少なくとも五年から一〇年はもつ。ずっと着続けるにせよ、売ったり寄付したりするにせよ、すべての服を三年あるいは一〇〇回着るように心がければ世界はどう変わっていくだろうか？　とにかくやってみよう！

第5部「一生モノを目指す」では、洗濯・シミ抜き・修繕という三つの分野に的を絞ってあなたの服や靴を長持ちさせる方法をお教えする。なんだか古臭い話に聞こえるかもしれないし、実際古くからある昔ながらのやり方なのだが、昔からの伝統が途絶えてしまった新しい世代には目からうろこの情報が満載だ。服のメンテナンスについては、ここで声を大にしてその楽しさを伝えたい。環境にいいことはもちろんなのだが、なんといっても手入れの行き届いたクローゼットを見るのは何ものにも代えがたい最高の気分を与えてくれるのだ。

第22章　お洗濯をレベルアップ

一つ習慣を変えるだけであなたのファッション・フットプリントを劇的に削減し、同時に服を長持ちさせることができるとしたら、それは何だろう？　答えは洗濯機の中にある。衣類のライフサイクルの過程で環境にもっとも大きな影響を与えるのは繊維の製造時だが、次に大きな影響を与えるのは洗濯だ。[1] 洗濯なら自分のやり方次第でどんな風にも変えられる。

アメリカ人の洗濯の習慣は環境に与える影響が非常に大きい。洗濯をするだけでアメリカ人が一年間に消費する電力はミネソタ州全体の電力消費量に匹敵し（六六〇億キロワット）、四六〇〇万トン以上の二酸化炭素を排出する。[2]

洗濯の工程の中でもっともエネルギーを使うのは、何よりもまず衣類の乾燥、次に洗濯に使う水の加熱だ。洗う回数を減らし、できる限り冷水で洗い、乾燥機の使用をやめる。アメリカ人にはなかなか難しそうだが、これによって得られる効果を思えばきっと考えは変わるはず。洗濯の習慣をよく考え直すことによって、時間とお金を節約し、衣類の状態をよりよいものに変えていこう。

洗濯機が衣類をダメにする

地球を救う使命はしばらく脇に置いて考えてみよう。洗濯機による衣類の洗浄とタンブル乾燥は、衣類には非常によくない。確かにあっという間にきれいになるが、それには大きな代償がともなう。

洗濯槽が一回まわるたびに、衣類の寿命は縮んでいく。機械による摩擦、空気による乾燥、洗浄時の温水と乾燥時の熱風が組み合わさって、衣類の縮みや色あせ、破れが生じる。[3]乾燥機にたまる糸くずは分解した繊維の断片だ。ある研究によれば、洗濯乾燥機の回転二〇回ごとに、繊維の破れやすさは二倍になるという。[4]洗濯機をあまり使わないようにしている人たちは、皆その意見に賛成だろう。第9章に登場したパーソンズ美術大学でサステイナビリティを教えるティモ・リッサネン教授は、乾燥機を使わない。「私の育ったフィンランドでは、乾燥機はあまり一般的ではありませんでした。物干し綱に干すのが昔も今もいちばんよくある洗濯物の乾かし方です」。その結果、教授の服は非常に長く持つ。「一七年前のコットンのTシャツを今も着ていますよ[5]」。あなたの服を大切にしたいなら、洗うのも乾燥もできるだけ少なくするのがいちばんなのだ！

洗濯回数を減らす方法

アメリカ人の大部分は自分の家に洗濯機と、さらに超高温でタンブル乾燥を行う乾燥機を持っている。人口の八五パーセントがタンブル乾燥機を持っている国など他にない。[6]当然最近の洗濯機は非常に便利にできているが、それでも洗濯にかかる時間はばかにならない。アメリカ人は少なくとも一日おきには洗濯機を回し、その回数は年間平均で三〇〇回から四〇〇回にもなる。[7]洗濯一回にかかる時間を一時間とすると、衣類を仕分けし、洗濯機に入れ、たたんで片付けるのに年間二週間以上は費やしている計算だ。この回数を多少減らせば、貴重な時間をもう少し自分のために使えるようになるし、エネルギーと資源の節約になるのは言うまでもない。洗濯機を使う回数を一〇パーセント減らすだけで、年間五〇〇〇ガロン〔約一万八九〇〇リットル〕の水を節約でき、電気代やコインランドリーで使う小銭も減らすことができる。[8]

現代の私たちは、ご先祖ならとても信じられないくらい汚れも病気も汗も少ない世界に暮らしている（まあ小さな子どものいる家庭ならそうはいかないだろうが）。なのに私たちはふつう、一回か二回着ただけで服を洗ってしまう。きれいにするというよりも、リフレッシュするために洗うのだ。こんな習慣はそろそろ終わりにしよう。洗濯機のボタンを押す前に、ちょっと考えてみる。これもう一回着られるんじゃない？　これってほんとに汚れてて臭う？　シワがよっているからといって、汚れているとは限らない。糸くずや毛玉も汚れではない。小さなシミならそこだけシミ抜きすればいい。シャツに洗いたてのいい匂いがしなくても、それはいいことだと考えよう。洗剤や柔軟剤のいい匂いは、危険な化学薬品の印でもあるのだ。

では洗う回数を減らしてもいい服はどれ？　わかりやすく言えば、股、脇、足、下乳（こんな言葉あったかしら）など、汗をかきやすく肌に直接触れる部分に身につける衣類については、頻繁に洗ってもOK。つまり下着、タイトフィットのTシャツ、パジャマ、靴下、スポーツウェアなどだ。そう言った下着類の上に着るもの、肌に直接触れないものはすべて、洗う回数をずっと少なくしていい。この判断には鼻がいちばん頼りになる。洗う回数を減らせるものとしては、ジーンズ、ボタンダウンのシャツ、ズボン、コート、ブレザー、セーター、肌にピッタリしていないドレスなど。私の場合、セーターやカーディガンは年に一回洗うかどうかといったところだ。オーダーメイドの服にはほとんど、あるいは一度も洗ったことがないものもある。もちろんプレミアムデニムのファンの中には、ジーンズを絶対に洗わない人たちも大勢いる。リーバイスのCEOもその一人だ。[9]

また服の生地によっても、洗う回数を減らしていいかどうかは変わってくる。合成繊維、特にポリエステルは皮脂や匂いを吸い込みやすいので、できれば日常着はコットンやウール、リネンといった天然素材に変えていった方が洗う回数をぐっと減らせる。[10] ワードローブを天然素材中心に組み立て、適切な下着で肌を守るようにすれば、毎日の洗濯は下着とスポーツウェアだけで、その他の服は必要に応じて時々洗えばすむようになる。

え、でもほら、洗濯しないと雑菌が増えたりするんじゃないの？　いや、じつはそうでもないのだ。そもそも私たちの周りにはいたるところに微生物や細菌が存在している。私たちの体にも、服にも、洗濯機の中にも。そしてその大部分は無害なものだ。服を数日長く着たからといって、病気になるようなことはまったくない。二〇一五年のある研究によると、一年間はき続けたジーンズと一週間だけはいたジーンズに存在する細菌を調べたところ、その数と種類にほとんど違いは見られず、無害なものだったという。[11] もちろん家族の誰かが風邪や伝染性の病気にかかった場合は、温水で洗濯し三〇分タンブル乾燥するか、あるいはアイロンをかけることにより衣類を除菌することができる。どちらも同じように効果的だ。[12] もう一つの地球にやさしい殺菌方法は、衣類を冷水で洗って天日で自然乾燥すること。太陽の紫外線には、漂白と同じくらいの殺菌効果があるのだ。[13]

ドライクリーニングをグリーンに

消費者の三分の一は「ドライクリーニングのみ」の表示がついた衣類を買うのを避ける。[14] だがそのせいで本当に美しく繊細な服を着る機会を逃しているなんてもったいない。少しお手入れに手をかければいいだけの話だ。そもそもすでにお話ししたように、ドライクリーニングに持っていく回数もできるだけ少なくする。オーダーメイドの服はほとんど洗う必要がないし、多少汚れても部分クリーニングで済む。「ドライクリーニングのみ」の表示がついていることが多いカシミアやウールのような天然素材は、臭いがあまりつかないので頻繁に洗う必要もない。またシルクのような「ドライクリーニングのみ」と思われている素材でも、自分で手洗いすることはできる。

ただしドライクリーニングにもエコを心がけることは必要だ。ドライクリーニングは上質な衣類の寿命を延ばしてくれる。自分で洗う手間を省いてくれるし、頑固なシミ抜きや修繕にはプロの手助けが必要な場合もある。だがどんなクリーニング店でもいいかというとそうではない。いわゆる昔ながらのドライクリーニングは、大量のエネルギーを使うし、人間の健康や環境にもよくない場合がある。その工程では、衣類から汚れを浮き出させるために化学溶剤を使う（もちろんベーシックな衣類を洗うには水を使うこともあるが）。現在もっともよく使われている溶剤パークロロエチレン（略してパークまたはPCEとも呼ばれる）は発がん性物質であり、ドライクリーニング職人やクリーニング店で働いたりクリーニング店の周囲に住んだりしている人たちに害をおよぼす。[15]また溶剤は服に残って顧客の家へと持ち込まれる。[16]

幸いなことに、よりグリーンで有毒物質を使わないドライクリーニング店も増えてきた。PCE不使用を選択している都市や国も多い。ミネアポリスは二〇一八年、アメリカで初めてPCE完全不使用を宣言した都市となった。あなたの地域の状況がどうなっているか、ぜひ自分で調べてみてほしい。ドライクリーニング店に直接、汚れを落とすのにどんな溶剤を使っているか、それは有毒ではないか聞いてみてもいい（また必ず後からオンラインで事実を確認すること）。もっともグリーンな選択肢はプロの「ウェット・クリーニング」だ。この方法は化学溶剤の代わりに水と石けんを使い、コンピューター制御の機械でクリーニングを行うもので、伝統的なドライクリーニングよりもエネルギー効率がはるかにいい。[17]またさらにサステイナブルな暮らしに気をつかうなら、クリーニング店の使い捨てビニール袋を使わず、エコバッグを利用しよう。

取扱表示ラベルの読み方

最近の取扱表示ラベルはムダにややこしい。あのエイリアンの言語みたいな点やら四角やら三角やらのついたマークをきちんと理解できる人はどれくらいいるのだろう？　しかし本当の問題はそこに書いてある説明だ。それはその衣類が耐えられる洗濯の条件であって、正しい洗濯方法が書いてあるわけではないのだ。ラベルには洗濯の際の温度設定から漂白剤使用の可否までいろんな指示が書いてあるが、それはすべてその衣類の最大許容範囲であり、決してオススメの洗い方ではない。たとえばラベルに「漂白剤使用可」と書いてあったら「必ず漂白剤を使用する」ということではなく、ただ漂白しても色があせたり生地が傷んだりすることはないという意味だ。同様に「洗濯機で温水使用可」と書いてあったら、必ず温水で洗えということではなく、その衣類（コットンのTシャツなど）が温水で洗っても縮まないという意味なのだ。

　本章を読んでおけば、もうあなたは取扱表示ラベルの行間を読む必要はない。冷水で洗い、日光で自然乾燥し、必要なときだけ洗うことにすれば、たいていの服は大丈夫だ。ただ例外は「ドライクリーニングのみ」の表示がある服で、これには細心の注意が必要となる。また防水加工のしてあるアウトドアウェアやスポーツウェア、その他何らかの仕上げ加工が施されている衣類は、ラベルに書かれている指示の通りに扱うことが必要だ。

　コンシャス・ブランドの中には、取扱表示ラベルをシンプルでわかりやすいものにデザインし直すところも増えてきた。必要な情報をそのまま記し、サステイナブルなアドバイスを加えている場合もある。ステラ・マッカートニーでは二〇一四年にクレバーケア・キャンペーンを立ち上げ、取扱表示ラベルをシンプルにした上、洗濯が環境に及ぼす影響を減らす方法を消費者に教える試みを始めた(詳細についてはclevercare.info参照)。また、ニューヨークに拠点を置くサスティナブルなブランド、グラマーで買った私のボタンダウンシャツのラベルには、「冷水で洗い天日で干して必要ならアイロンがけをしてください」とあり、さらにお手入れのアドバイスが欲しい人には参考になるＵＲＬが書いてある。

第23章　プロに頼む服直し

さてここからはプロの出番だ！　整ったクローゼットをつくりあげるには、信頼できる修繕のプロが不可欠だ。靴についても服についても、それぞれプロを探したい。私が頼るテーラーは二人。一人はベーシックな修理を任せる人、もう一人はもう少し手の込んだ仕事を引き受けてくれる人だ。

テーラーに何を頼む？

腕のよいテーラー〔洋服の修繕専門店〕はまず、裂けた継ぎ目やほつれた縫い目の直しから壊れたファスナーの取り換えまで、基本的な服の修繕を丁寧に行ってくれる。さらに伸びてしまったウェストゴムの付け直しやスカートやジャケットの傷んだ裏地の取り換えなど、もう少し複雑な依頼をすることもできる。レザージャケットやハンドバッグの染め直しや修理をしたい場合は、靴職人に頼むといいだろう。デニムやレザー、ニットの修繕を専門に手がける職人もいる。グーグルを利用して探してみよう。

試してみたいテーラーが見つかったら、まずはパンツの裾上げのような簡単な仕事を頼んで信頼関係を築く。いきなりおばあちゃんのヴィンテージドレスのリフォームを頼むような冒険は避けたほうが無難だ。人によって技術のレベルはさまざまだし、テーラーのような職人ときちんとコミュニケーションをとり、同じ考えを持って服をリフォームしていくにはやはり時間がかかる。どんな風に修繕やリフォームを進めていったらいいのか決まらないなら、テーラーに予約を取って相談に乗ってもらおう。彼らの仕事の一つは、問題点を探して解決方法を提示してくれることでもあるのだ。

服を自分の体に合わせる

既製服は、現実には存在しない「標準」体型に合わせて作られている。それをあなたの体にピッタリな服に直してくれるのがテーラーだ。体に完璧にフィットした服は、見かけも着ごこちも全然違う。気に入った服があるけど袖がちょっと長いとか、サイズがブカブカすぎるという場合は、まさにテーラーに頼むチャンスだ。裾をちょっと短くしたり、ウェストバンドをつめたり、ストラップを短くしたり、シルエットを体の線に合わせたりすることによって、服の魅力を一〇〇パーセント引きだしてくれる。熟練のテーラーなら、大きく服のデザインを変えるリメイクも可能だ。袖をつけたり取ったり、襟ぐりの形を変えたり、ファスナーを取りかえたり、アイディアはいろいろある。ただそういう大きなデザインの変更は、特に高価で交換のきかない一点もの（ウェディングドレスや高級ブランドのスーツなど）の場合は、腕のいいプロに頼もう。

修繕に見合う価値はある？

修繕にかかるお金は、ボタン交換の五ドル〔約五〇〇円〕からスーツやドレスの完全リメイクの数百ドル〔数万円〕までさまざまだ。とはいえ簡単な修繕ぐらいは自分でやってお金を節約しよう。複雑な修理や完全リメイクはかなり高いが、それだけの価値はある。値段はあなたの住む場所や、頼む仕事の複雑さによって変わる。「え、新しいもの買ったほうが安いんじゃないの？」と思う人もいるだろう。だが私の経験から言うと、カスタマイズにお金をかければそれだけ服は自分に合ったものになり、より長く満足して着られるようになる。それに手をかければかけるほど愛着が増す。とはいえ私がテーラーに託すのは、お店ではもう二度と買えないレアものや、新品はおそろしく高くて買えないような服が多い。たとえば、祖母からもらったブルーグリーンのシルク一〇〇パーセントのゴージャスなパンツ。テーラーにその八〇年代のダブっとした形をスリムに直してもらって、かかったお金は三五ドル〔約三五〇〇円〕だった。

第24章　修繕とつぎ当て

ちょっと直せば、
古着だって新品に負けないわ。
——ドリー・パートン

サステイナブルなファッションを目指すなら、服の修繕は欠かせない。着ているうちに服はどうしても破れたりほつれたり擦りきれたりする。長持ちさせることを目指して自分の手で直すのは、意外と簡単でお金もかからないし、何よりも楽しい。私はたいてい月に一度ぐらいのペースで針と糸を持って、切れたストラップを直したり、ジーンズにつぎ当てをしたり、セーターにあいた穴をかがったり、とれたパンツのベルト通しを縫い付けたりする。しかもそれが楽しくてたまらない。服も直せるし、心も満たされる。忙しい日々にちょっと一息ついて、手を動かしながら頭を休められる至福のひとときだ。

『ファストファッション』の中でも、家での針仕事を復活させ、一から自分で服を作るアイディアに少しだけ触れた。それを実行に移す人たちはどんどん増えつつあり、私自身もときどき型紙から服を縫う。だがそこまでしなくても、ちょっとした手縫いのテクニックがあれば誰でも修繕はできる。難しいスキルもミシンもいらない。ここで私が修繕の必要性を訴えるのには大きな理由がある。「ダメになった」からといって捨てられる服の大部分は、ボタンがとれたとか、裏地や継ぎ目に小さな破れができたとか、縫い目がちょっとほつれたとか、そんなすぐに直せるようなささいなダメージが原因なのだ。みんなが自分で直せるようになれば、埋め立て地行きになる服を大幅に減らすことができるはずだ。難しく考えず、とにかく楽しくチャレンジしてみよう。

つぎ当ての基本

つぎ当ては衣類にあいた穴や弱い部分に別の布を当てて修繕・補強する技術だ。ミシンを使えばスピードアップできるが、手縫いでやった方がつぎ当てという行為そのものを楽しめる。リラックスしてカウチにすわり、チクチク針を進めるのはいいものだ。つぎ当てが必要になるのは衣類に大きな穴があいてしまったり、すりきれて弱くなった部分ができてしまったときだ。ブレザーやドレスパンツ、ボタンダウンシャツ、ジャケットといったあまりストレッチのきかない織物素材の衣類に行うことが多い。まず手始めに、ジーンズのつぎ当てから始めてみよう。ジーンズなら気軽にできるし当て布も選びやすい。

伝統的なデニムのつぎ当て

この方法は第二次世界大戦当時の本を見て覚えたものだ。基本的にもとの服の生地となじんで穴や薄くなった部分を見えなくするためのものだが、目立つ色や柄の別布を当ててもっとユニークな服を目指してもいい。多少高度な技が必要だが、数時間もあればできるようになる。ちょっと練習すれば誰でも楽々マスターできる技術だ。

やり方：

1　ジーンズの穴が空いた部分をハサミで四角形に切り取る〔図では、穴のあいた部分を切り取り、ハサミでさらにジーンズ本体を大きく切り離しているように見えるが、これは当て布とジーンズ本体の関係をわかりやすくするための描写であり、実際は当て布は一枚のみ〕。次に穴の大きさを測り、当て布を準備する。当て布は穴より四方それぞれ一・五センチ大きいサイズに。当て布には他のはき古したジーンズを使うか、古着ショップで同じ色の子ども用ジーンズを買って、切って使う。穴の四隅に五ミリの切り込みを斜めに入れる（図1）。

2　切り込みを入れた部分をジーンズの裏側に折り、五ミリの折り返し部分を四つ作る。裏側から折り返し部分にアイロンをかける（図2）。

3　ジーンズを表に返し、当て布の見せたい面を上にして穴の下に敷く（図3）。当て布と折り返し部分を待ち針で留める。

4　ジーンズを裏返し、折り返し部分の一辺に沿ってジーンズの生地を表側に折る。折り返し部分にはアイロンがかけてあるので、縫っていく線がわかるはず。折り返し部分の折り目に沿って、当て布を返し縫いで縫いつけていく。玉留めして糸を切り、生地を回転させて同じことを四方向繰り返す。

5　完成！　このつぎ当て方法だと、服の表側からは縫い目は全く見えない（図4）。裏側ももっと完璧に仕上げたいなら、当て布の周囲をかがり縫いしてもいい。また生地と同じような糸を使い、緩めのランニングステッチで当て布の端を服に縫い付けてもいい。だが特にこういった端処理をしなくても、当て布は十分きれいにおさまるはずだ。

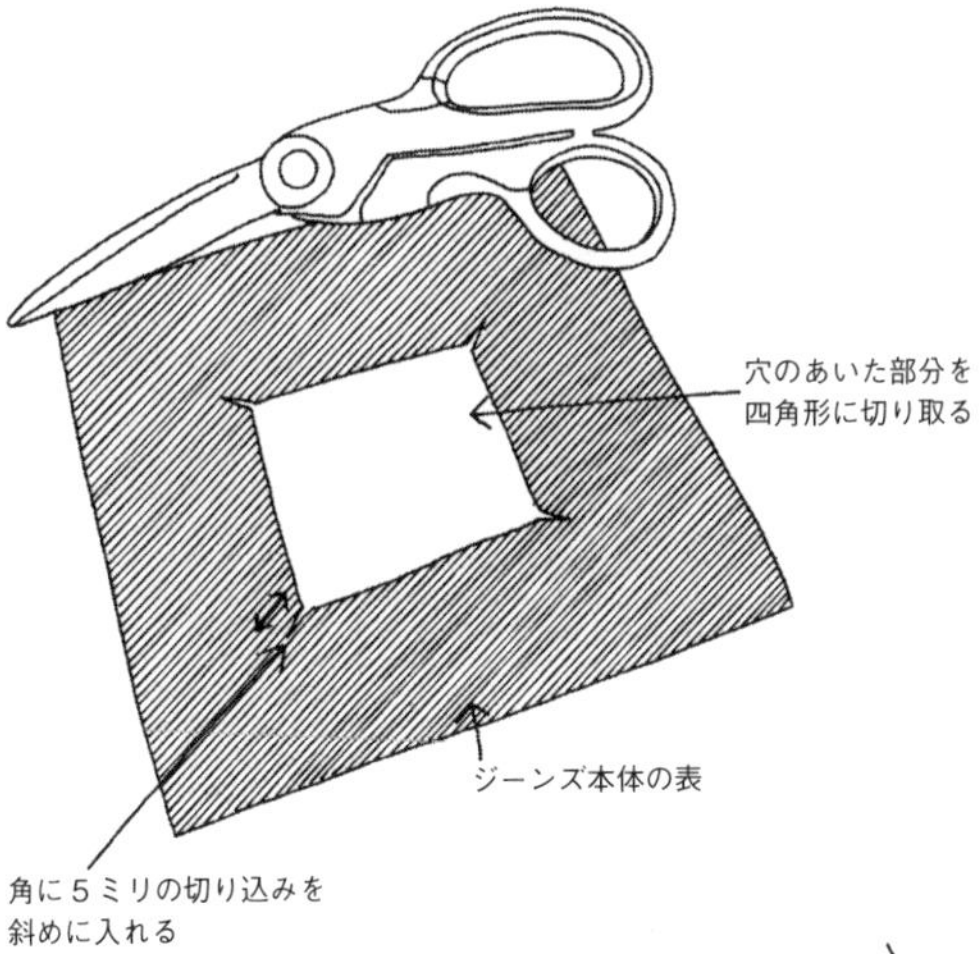
穴のあいた部分を
四角形に切り取る
ジーンズ本体の表
角に５ミリの切り込みを
斜めに入れる

図１

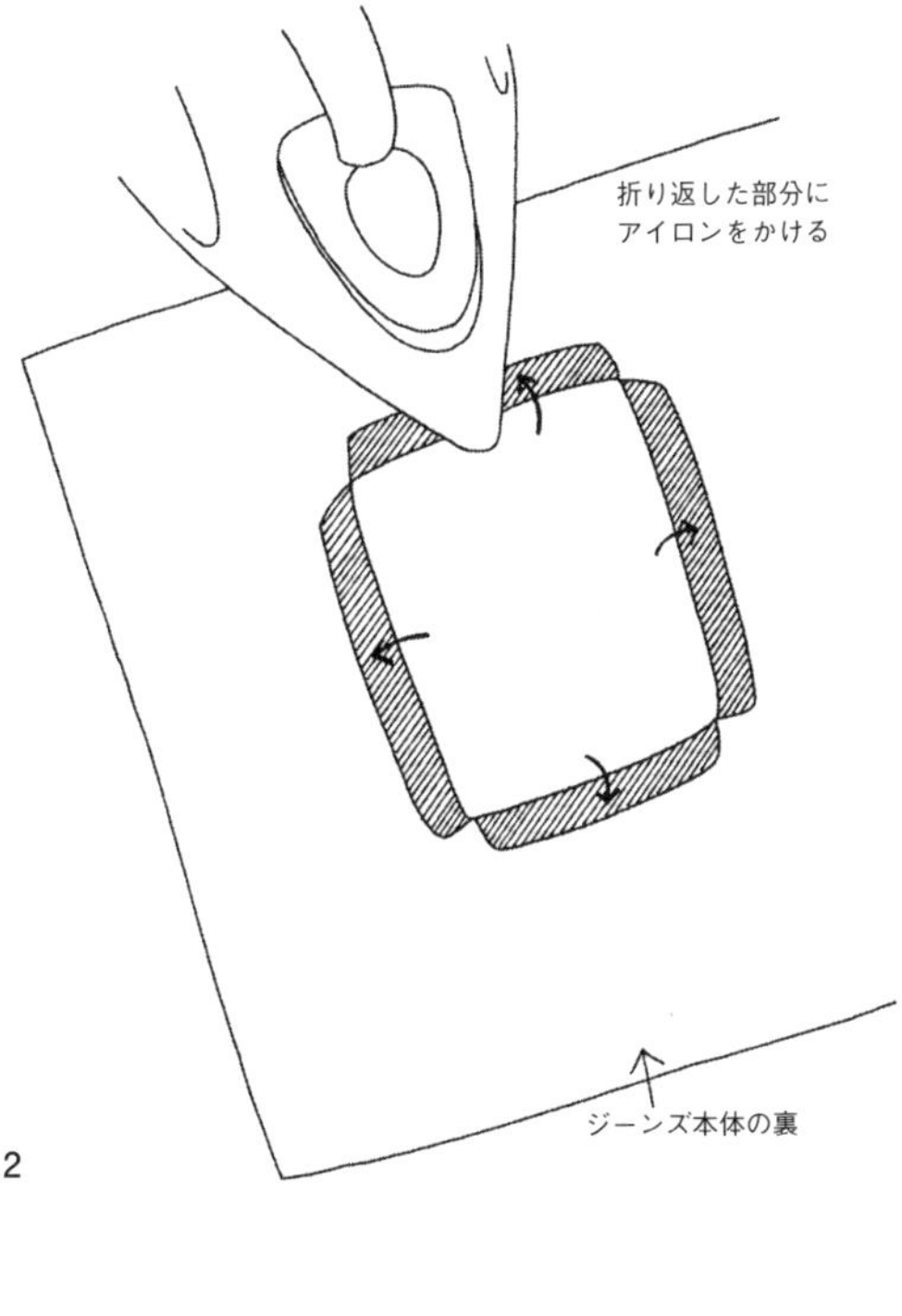
折り返した部分に
アイロンをかける
ジーンズ本体の裏

図２

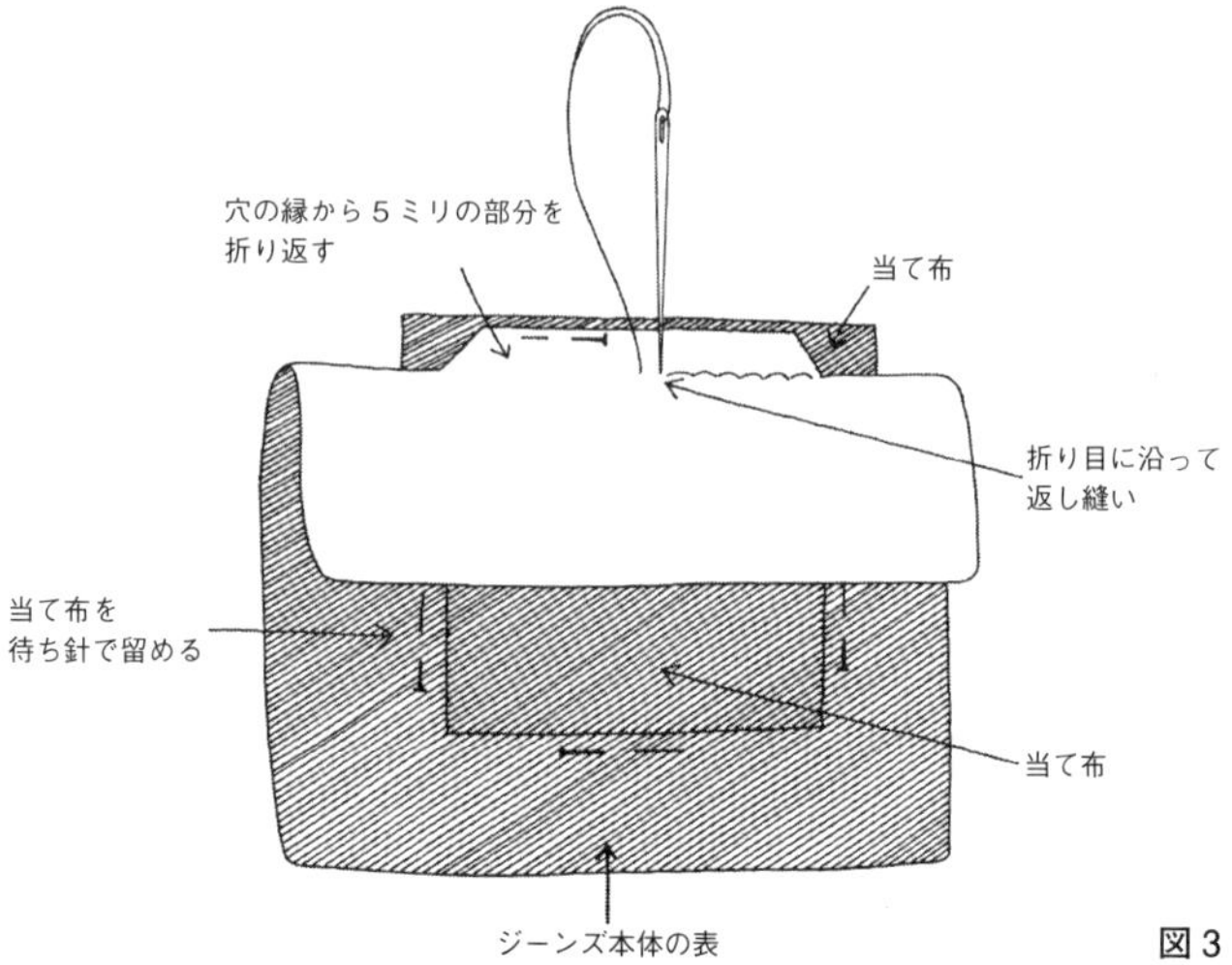
穴の縁から５ミリの部分を
折り返す
当て布
折り目に沿って
返し縫い
当て布を
待ち針で留める
当て布
ジーンズ本体の表

図３

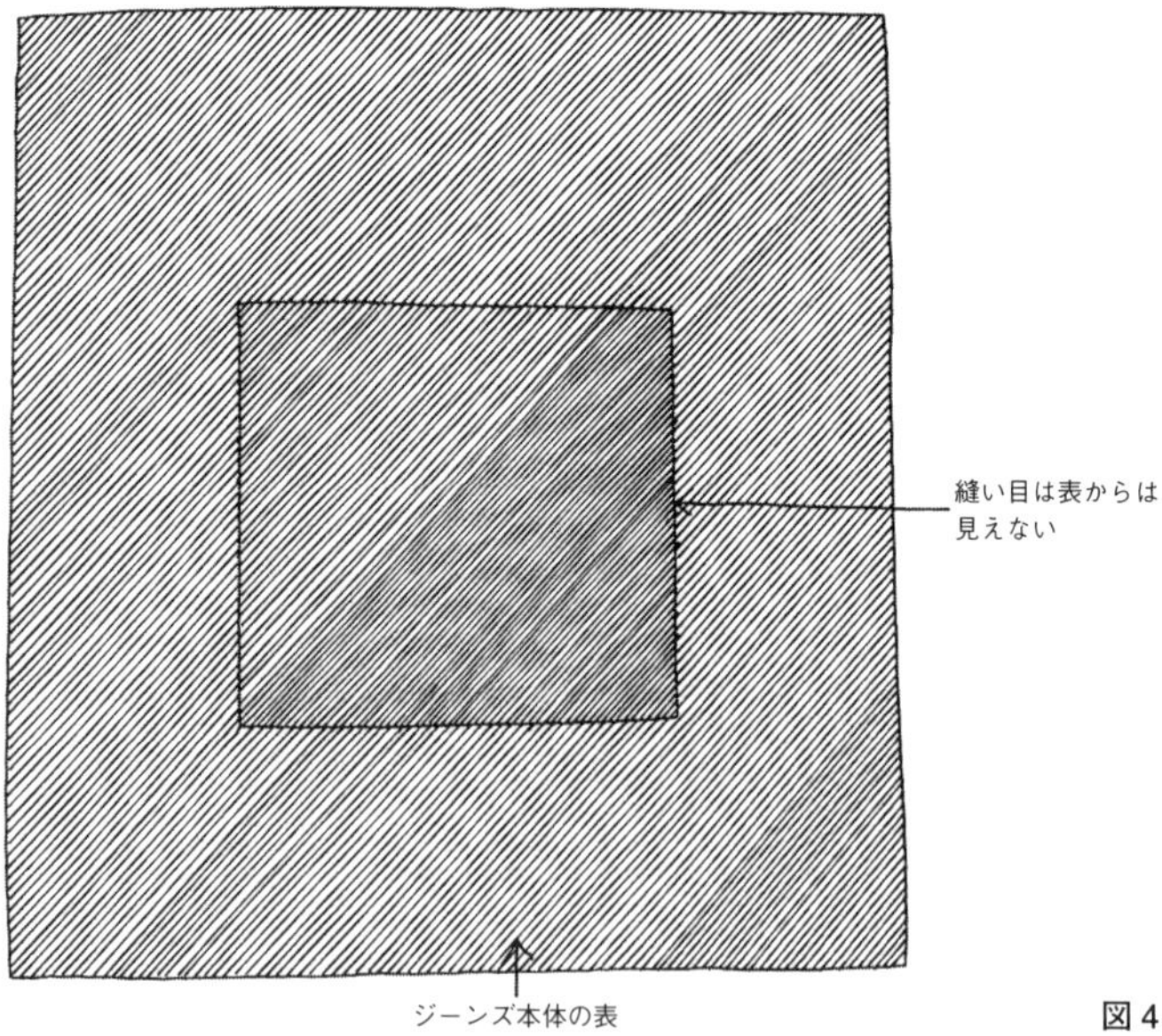
縫い目は表からは
見えない
ジーンズ本体の表

図４

飾り補修の基本

昔の人は補修の達人だった。どこを直したかわからないくらい目立たないようにすることができた。しかし補修をリメイクの絶好の機会ととらえて、風合いの違う生地でつぎ当てしたり、きれいな色の糸で縫い目を目立たせたりすることもできる。最近の補修は、伝統にとらわれず、逆に人の注目を補修部分に引きつける方向へどんどん進んでいるようだ。この飾り補修を使って、使い捨てファッションの流れに立ち向かう人たちがいる。どんな技術レベルの人でもできるようなやさしい方法を使って、目をひく鮮やかな補修を服に施すのだ。クリエイターの一人、ケイト・セクルズは「パチコ」というオリジナルのテクニックを使って美しい飾り補修を施した服を生み出している。

また日本の伝統技術「刺し子」を現代に甦らせているクリエイターたちもいる。刺し子は刺繍を使った補修の技術で、生地に施すことにより服を修繕・補強して長持ちさせることができる。[1]補修を経た服は何世代にもわたって受け継がれることも多い。最近出版されたジェシカ・マルケス著の“Make and Mend”とカトリーナ・ロダボー著の“Mending Matters”には、刺し子にヒントを得た美しいつぎ当てのテクニックが紹介されている。刺し子のテクニックを現代風にアレンジしたそういった作品では、ランニングステッチとさまざまな色の端切れを使って何度も補修を繰り返し、パッチワークのような効果を生み出す。ＳＮＳで#sashikoや#borostitchといったハッシュタグを検索してみてほしい。

簡単な刺し子スタイルのデニムのつぎ当て

刺し子スタイルのデニムのつぎ当ては、ジーンズにあいた穴や破れそうな部分を補修しながら同時におしゃれなデザインにカスタマイズするという一石二鳥の方法だ。補修部分を目立たせるため、白や明るい色の刺繍糸を使う。糸は太い方がより目立つし強度も上がる。当て布には反対色のデニムを使う（明るめでも暗めでもいい）か、派手な柄入りの生地を使おう（ただし丈夫できれいな生地かどうか確認すること）。逆にあまり目立たせたくない部分につぎ当てするとき（股布やももの上部分など）は、それと逆のことをすればいい。もとのデニムと同じ色の糸を使い、同じような生地を当て布に使えば、周りに溶け込んで目立たなくなる。

やり方（図5参照）：

1 穴の周囲の飛び出た糸をきれいに切り取り、ほつれを防ぐ。

2 当て布を穴より一回り大きく切る。当て布で弱くなった部分を補強すると同時に、飾りステッチをしていくための土台を作る。当て布は穴の左右それぞれ五センチ、上下それぞれ四センチ大きくなるようにする。だがもちろんどんな大きさでどう作っていくかはあなた次第だ！

3 服を裏返しにして当て布を穴に当て、待ち針で留める。当て布の見せたい方の面がきちんと穴から見えているかどうか確認すること。あるいは穴の上側から当て布を当て、穴を完全に覆うやり方もある。どちらでもお好きな方で！

4 ランニングステッチで何列か当て布の周囲を横方向に縫っていく。穴の部分は飛ばして縫う。一列縫ったら一段下がって次の列に移り、逆方向にそのまま一列縫う、というふうに続けていく。縫い目はなるべく均等になるように。これを当て布全体がカバーできるまで続ける。

5　当て布のステッチが完成したら、縫い終わりを留めて糸を切り、待ち針を外す。最後に穴の周囲をかがり縫いし、ほつれを防ぐと同時に見栄えを整える。

◆パチコのつぎ当て（指導　ケイト・セクルズ）

補修大好き人間として、また補修の歴史に詳しい伝道者として、私はここですべての人に飾り補修の楽しさをお伝えしたい。これから私が紹介するのは、お裁縫ビギナーでもすぐにチャレンジできる簡単な方法なのだが、望めば思い切りグレードアップすることも可能なじつに応用のきくテクニックだ。このテクニックを、愛情を込めて「パチコ」と名づけた。「当て布（パッチ）」と「刺し子」を組み合わせた言葉だ。刺し子とは日本に江戸時代から伝わる手縫いの技法で、現在飾り補修を手がける人たちの九七パーセントが何らかの形でとりいれている。非常に複雑な技もあるが、基本はランニングステッチをひたすら並べていくものだ（図6参照）。

ニット以外の衣類には何にでも使えるが、特にデニムなどの厚手であまり伸縮性のない生地に向いている（薄くてフワフワした生地にはお勧めできない）。当て布には、土台になる服と同じように厚みと重みのある生地を選ぶといい。たとえばジーンズを補修する場合なら、目の詰まったコットンか、反対色のデニムを持ってくるのがおすすめだ。いらなくなった服は、切って当て布として使おう。古くなった服も捨てないで！

【用意するもの】

・当て布：もとの服と全然違う反対色を使おう！　服にあいた穴より全方向三センチほど大きくなるよう、均一な形に切る。ピンキングばさみを使ってもいい。

・糸：目立つ色の刺繍糸を選ぼう。インターネットで一山いくらの安い糸を買うのはやめたほうがいい。安物は糸が絡まって使いづらい。普通の縫い糸もそうだ。DMCはどこでも手に入る信頼の置けるブランドだ。
・針：太すぎず細すぎず、大きめの針穴があり先の鋭い針を選ぼう。刺繍針の三号があれば理想的だ。

【やり方】
1 服と当て布にアイロンをかけておく。この一手間が結局時間の節約にもなるし、トラブルも防いでくれる。
2 当て布を穴に当て、待ち針で留める。穴が当て布からはみ出していないか確認すること。裂け目を補修する場合は、先に裂け目を仮とじしておく（仮とじや仮縫いは一旦生地を留めておくためのランニングステッチのことで、普通は後から外す）。
3 当て布を丁寧に仮縫いしておく。この手順は飛ばしてもいいが、やっておいた方が後からの作業が進めやすい。
4 針に糸を通す。刺繍糸は六本の細い糸からできている。六本どりで縫ってもいいし、三本や二本に分けてもいい。最初は六本どりで始めるのをお勧めする。
5 当て布を縫い付ける。糸に留め玉を作ったら、当て布の端の三センチ外側の角に、まず服の裏側から表へ針を通す。そのまま横方向へまっすぐランニングステッチをしていき、反対側の当て布の端から三センチ出たところで針を止める。この一列は当て布にはまだ触れない。
6 向きを変えて今の列の下を逆方向に縫う。隙間は五ミリほど開ける。
7 繰り返し同じように縫っていき、当て布の上も縫う。最後にスタート地点と反対側の地点まで来たら、針を服の裏側に通し、留め玉を作って糸を切って終わり。
成功の秘訣：縫い目が多少不ぞろいでも曲がっていても気にしない！　ただ縫っている最中に、縫い目が縮まってしまわないよう、当て布を伸ばしながら進めることを忘れずに。やっぱりこれはどうにもならないと思ったら、

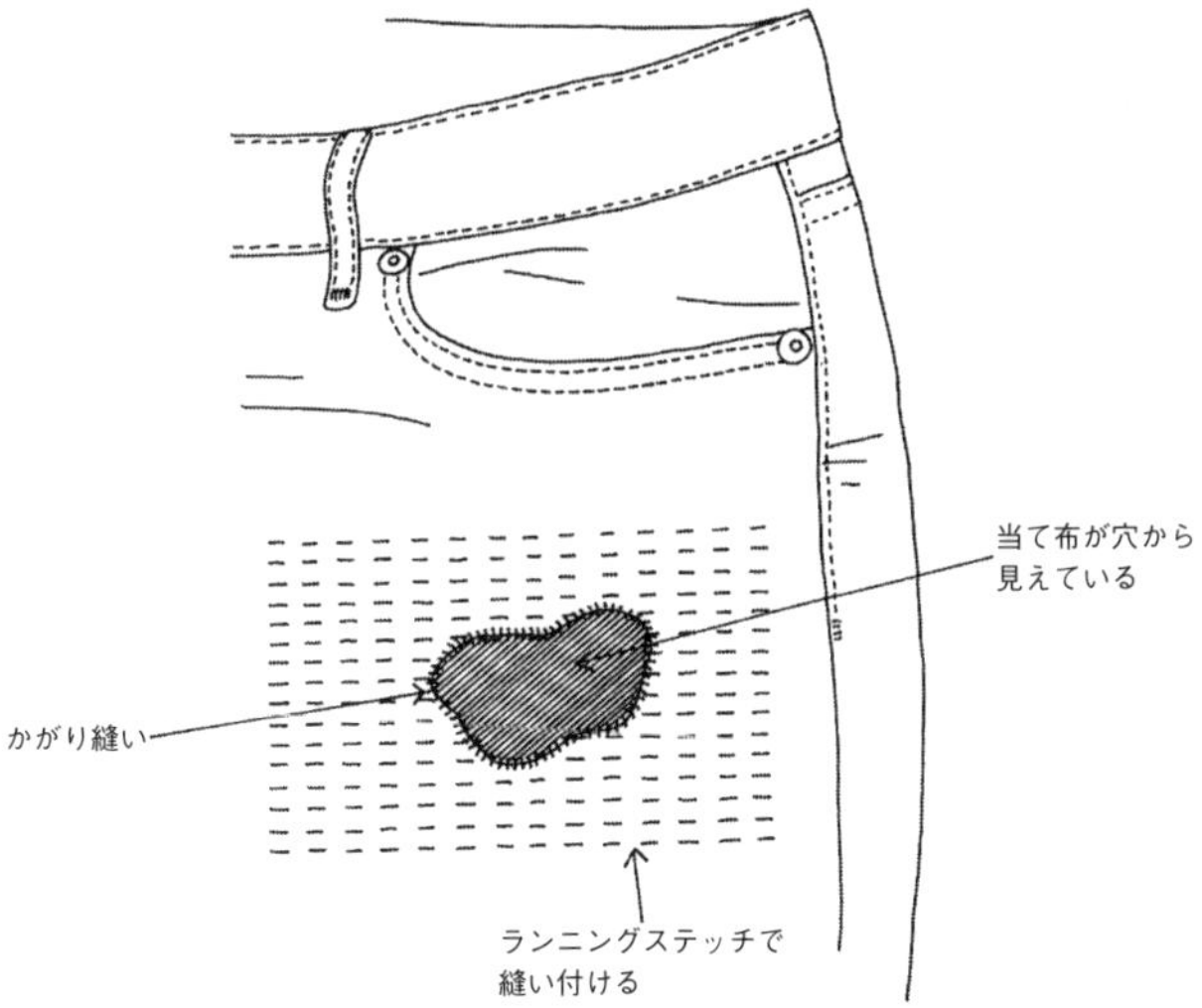

**図5　刺し子スタイル
デニムのつぎ当て**

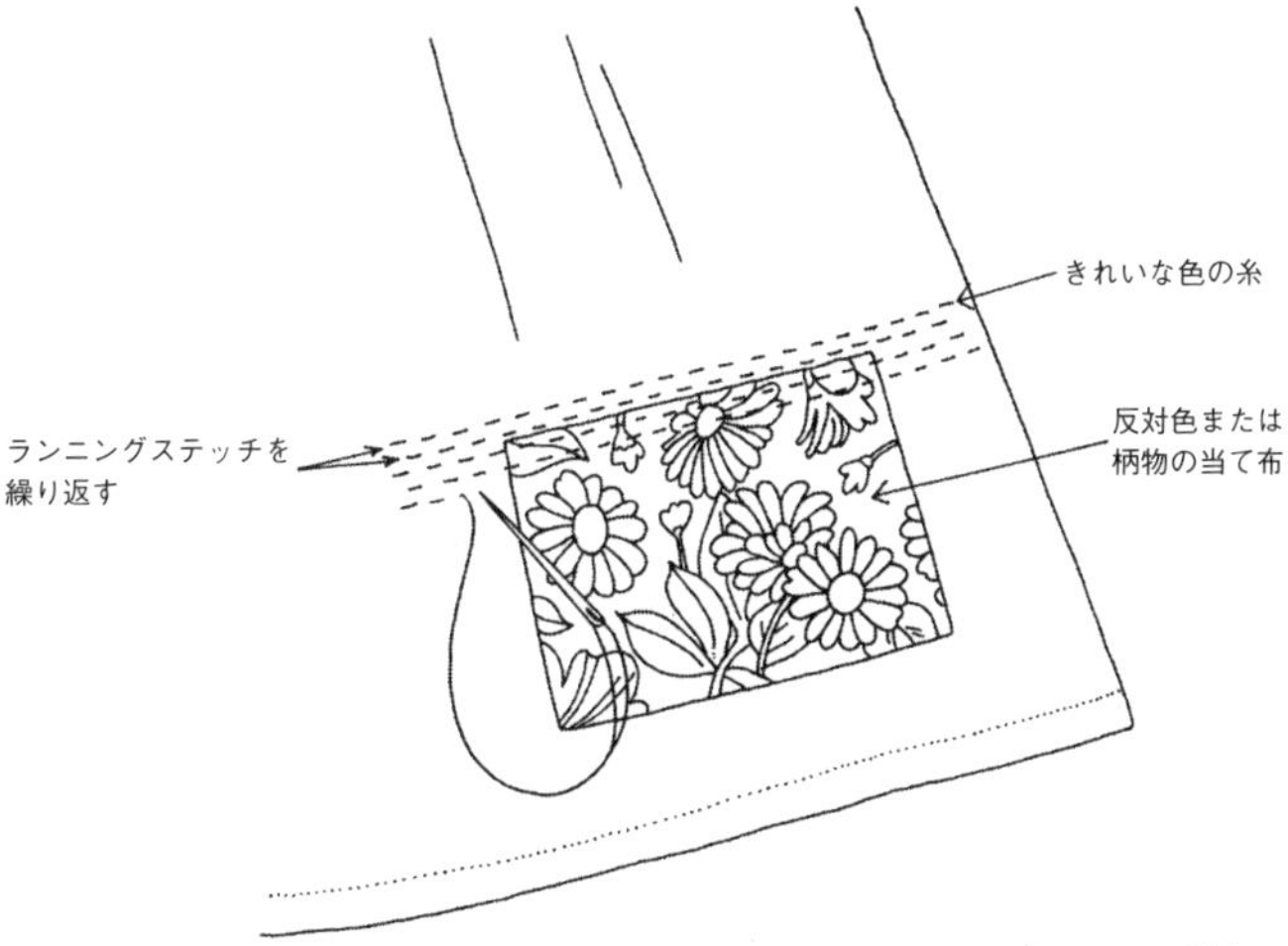

図6　パチコのつぎ当て

いさぎよく糸をほどいて最初からやり直そう。でも何よりも大事なのは、楽しんでやること！　みんなに羨ましがられるような、一点もののクチュールを生み出すのよ！　という心意気で頑張ろう。

買わずにＤＩＹ

補修とつぎ当てができるようになったところで、次はＤＩＹだ！　あなたのクリエイティブな才能を存分に発揮してリメイクのアイディアを考え出し、やりたいようにやってみよう。今ある服を切り刻んで全く新しい服に作り変えるのも断然ＯＫ。どんどんチャレンジしてしまおう。ちょっと手を加えるだけのシンプルなリメイク（普通のジーンズの丈を切ってショートパンツに変身させるなど）から、ランウェイ映えしそうな斬新なリメイクまで、ありとあらゆる種類のＤＩＹが可能だ。本書の執筆時点で、つぎ当てや名入れ、刺繍といったＤＩＹテイストのカスタマイズ・デザインが、グッチのバッグやジャケットのようなハイ・ブランドのアイテムでも人気を博している。[2]　またジャケットや靴やトップスのカスタマイズを高い技術で請け負ってくれるＤＩＹのプロもいる。インスタグラムで#diyfashion や #customizer といったハッシュタグを検索してみると、驚くようなレベルの作品がたくさん見つかる。

だがもちろん自分で楽しむことができるのがＤＩＹのいちばんの魅力だ。別に高級ブランドのアイテムを使ってカスタマイズする必要もない。Etsy（オンラインのクラフト商品販売サイト）で探せばアイロンを使ったつぎ当てやレタリングが手頃な価格で見つかるし、手芸店やスーパーの手芸コーナーで手に入れることもできる（ベーシックなつぎ当てなら普通数ドルだ）。布地用のペンやアイロンで付けられる飾りをわずかな値段で手芸店で買って、地味な服のリメイクに使ってもいい。刺繍は多少のスキルが必要だが、思ったほど難しくない。返し縫いができれば基礎は十分だ。刺繡ができれば、デニム・ジャケットの背中に柄を付けたり、トートバッグやTシャツに絵を描いたりしてカスタマイズできる。Etsyでビギナー用の刺繡キット（ついでに糸や針も）を買ってみるのもいいだろう。

インターネットは魔法のようなＤＩＹのアイディアに満ちている。とても本書では紹介しきれないくらいだ。特にユーチューブとインスタグラムはＤＩＹファッションのアイディアの宝庫だと言える。また天然染料を使った絞り染めも、すばらしく独創的なＤＩＹのテクニックだ。衣類を染めるというリメイクは、何の変哲もないＴシャツをユニークなものに作り変えることもできるが、汚れてしまった服を生まれ変わらせる方法としても理想的なのだ。

成功の秘訣は、プロ級のものが作りたいなら、じっくりとアイディアを練ること。きちんと準備するのが成功のカギだ。紙にデザイン画を描き、寸法を測り、ハサミを入れる前に印をつけておこう。服のリメイクを考えているなら、ワードローブにある他の服の長さや形を叩き台にしよう（たとえばタンクトップをＤＩＹで作りたいなら、他のタンクトップを型紙代わりに使う、というように）。だがたとえ失敗したとしても、ヘコむことはない。失敗を繰り返して学んでいくのがＤＩＹの醍醐味なのだ。

第6部

ファッション革命

The Fashion Revolution

服が世界を変えるのではない。
その服を着る女性が
世界を変えるのだ。
——アン・クライン

第25章　ようこそファッション革命へ

ここまで本書を読んできたあなたは、服の買いかた、着かた、手入れのしかたについてめざましい変化を遂げているはずだ。一人一人が消費を抑え、優良ブランドを支援し、地球に対する悪影響を最小限にする力を身につけた今、ファッションをよりよいものに変えていくための闘いは私たちがいかに団結していくかにかかっている。

私たちは今、人類の歴史の中でもっとも長く続き、もっとも成功を収めつつある社会運動のただ中に立っている――それはファッション革命だ。何世代にもわたって、衣類は社会を人間らしく民主化していこうという試みの中心に存在してきた。奴隷制度の廃止、労働組合の出現、最低賃金の制定につながる運動、週休制度の確立、そういった社会の動きのすべてにファッションは深く関わっていた。服とそれをデザインし、作り、身にまとい、愛する人たちは社会を変革するきっかけをつくりうるのだ。

歴史を見れば、ひどい仕事や危険な産業も尊厳あるものに変えていくことは可能だとわかる。それはアメリカでも実際に起きたことだ。一九一一年にニューヨークで発生したトライアングル・シャツウェスト工場火災では一四六名のおもに若い女性の縫製労働者が亡くなったが、これがこの後一〇年にわたる職場における人権向上運動に拍車をかけた。時代は下って一九七〇年代には、スウェットショップはアメリカのアパレル産業の本当の底辺に存在するのみとなった。[1] 労働組合のある衣料工場は例外ではなく、ごくあたりまえの存在になっていた。だがこうした変化は組織的に起こったのではない。消費者、労働者、工場経営者、選挙で選ばれた政治家、ブランド、すべてが力を合わせて、この国により公正で正当なファッション産業を作りあげようと努力した結果生まれたものだった。

私のファッション行動主義の歴史

ファッション行動主義者としての私の歴史は一四歳の時に始まる。Ｇａｐやナイキといった大好きなアパレル企業が、中央アメリカやインドネシアでスウェットショップを使って製品を作っていることに衝撃を受けたのがきっかけだ。若い私にとってカッコよさの塊だったそういったブランドが労働搾取とつながっているなんて、とても信じられなかった。グローバル化が猛烈な勢いで進行し、私の故郷ジョージアを含むアメリカの衣料・繊維産業は軒並み工場を閉じて発展途上国へと生産拠点を移しつつあった。しかし私たちが苦労して手に入れた労働者の権利と環境基準は、新しい国外拠点の労働者には適用されなかった。時間は巻き戻り、スウェットショップが復活する。

一九九〇年代後半、アメリカの人々はスウェットショップの問題を大きく取り上げ始める。女優のジェニファー・ラブ・ヒューイットが一〇代に人気のドラマ『サンフランシスコの空の下』の中で反スウェットショップを訴えたり、クリントン大統領が大統領命令によりスウェットショップ対策委員会を立ち上げたりした。対策の一つとして出された案が（いまだに実現されないままだが）、政府の認可する「ノー・スウェット」認証ラベルを作って、その服が安全かつ公正な環境のもとで作られたものだと保証するというシンプルですぐれたアイディアだ。アメリカ労働省は若者や学校向けにGetta Clueという反スウェットショップ教育キャンペーンまで立ち上げていた。[2]

一九九八年、大学に入った私は、学生が主導する反スウェットショップ行動主義の大きな波に飲みこまれる。それは私の世代に起こったもっとも大きな社会運動の波だった。その年反スウェットショップ学生同盟が組織され、全米一〇〇以上の大学に支部が設立される。私の通ったシラキュース大学もその一つだ。[3] 私たちの目標はただ一つ、大学のロゴのついた服をスウェットショップで作らないこと。

反スウェットショップ運動はきちんと組織化された精力的な人たちの集まりで、みなすばらしい仕事をした。全米の学校で他の学生にスウェットショップのことを教えるティーチ・インを実施したり、大学キャンパスの管理オフィスで座り込みを行ったり、新聞に論説記事を書いたり、ブランドに手紙や電話で抗議したり、必要があれば派手なデモを行うことも辞さなかった。活動家の友人たちと一緒になって、バスケットの試合の際にバルコニーから「スウェットショップ大学は卒業だ！」と手書きで書いた巨大な垂れ幕を下ろしたこともある（シラキュース大学のようなところではこれは大事件だった）。

全米を巻き込んだ活動により、大学生たちは大きな勝利を手にする。メジャーなブランドが大学関連の衣料を作る場合は、労働者の権利と職場の安全に関する厳しい行動基準を守ること、工場の名称と場所を明示すること、外部労働権利グループ Worker Rights Consortium（ワーカー・ライツ・コンソーシアム：WRC）による工場の監査を受け入れることがあたりまえになった。WRCが世界中の衣料工場労働者のために獲得した未払い賃金は、現在までで五〇〇〇万ドル〔約五〇億円〕分にものぼる。二〇〇〇年になる頃にはニューヨークタイムズ紙が、私たちの「反スウェットショップを声高に訴える運動」にこたえて、海外の工場における職場の安全性のめざましい改善や労働時間の大幅な短縮に関する記事を書くまでになった。[4]

この反スウェットショップ運動から私が学んだこと——それは草の根運動をコツコツ続けていけば、

いつか必ず変化は起きるということだ。社会運動には変化を起こす力があるのだ。

ラナ・プラザが世界を変えた

二〇世紀終盤に得られた収穫は大きかったが、ほどなく世界にはさらなる変化が起きる。一〇年ほどは、世界におけるスウェットショップ問題はそれほど大きくとりあげられることなく過ぎた。ブランドは自社管理を行い、労働条件を改善していくことを約束した。欧米世界の消費者はこれまでどおりの生活を続け、誰もが工場労働の状況はよくなっているものと思い込んでいた。私自身もそうだ。ファッション行動主義の運動は下火になった。

その見せかけの平和が崩れたのは二〇一三年四月二四日。バングラデシュの首都ダッカ近郊で八階建てのビルが崩落し［上の写真参照］、有名ブランド衣類の縫製をしていた工員多数を含む数千の人々が巻き込まれて死傷した。このラナ・プラザ崩落事故はファッションの歴史における最悪の悲劇であり、死者は一一三三名、重傷者は数千人におよぶ。この事故の発生により、スウェットショップはなくなってなどいなかったという事実に世界中の人々が気づいた。すでに遅きに失した感はあるが、社会を動かす大きな力をもう一度結集すべき時だ。バングラデシュでは労働者たちがデモを行って抗議し、人間らしい労働環境の実現と犠牲者遺族への補償を訴えた。世界中で何百万もの人たちが嘆願書に署名し、ブランドに手紙を書き、バングラデシュで製造を行っている会社の前で平和的に抗議活動を行って事態の改善を求めた。世界的な行動主義組織ファッションレボリューションが設立され、ファッションの透明性と公正を目指して活動を始めた。

このあらたな努力もやがて実を結ぶ。二〇一三年、バングラデシュの衣料工場労働者の賃金はほぼ倍増した（本書の執筆時点で、さらなる賃上げを求めてストライキが行われている）。また二〇〇社以上のブランドやショップが「バングラデシュの火災予防と建物の安全に関する協定」と呼ばれる画期的な職場安全協定に署名し、これにより一六六〇以上の工場で安全対策が劇的に改善される結果になった。こういった工場では、職場の安全に関する教育が行われ、防火設備の設置や建物全体の安全点検も行われるようになった。今日にいたるまで、この協定は二〇〇万人以上の労働者の命を守る役目を果たしている。[5]

ファッションはサステイナビリティ、生活賃金、男女平等、人種間の平等といったさまざまな問題に対する運動を一つにまとめ、地球規模でひろがる大きな力に変えて、世界をよい方向へと導いていく可能性を秘めている。また過去二世紀の労働権利運動における勝利は、同じ目標を達成するために多くの人が力をあわせることの大切さを私たちに示してくれている。あらたに燃え上がったファッション革命の炎は、私たちがその火を守り続けようとする意志を持ち続ける限り消えることはない。第6部「ファッション革命」では、ブランドと話し合い、権力を持つ人たちに説明責任を求め、選挙で選ばれた議員たちにファッションにまつわる問題を課題としてとりあげるよう要求し、さまざまな組織や運動に参加して変化を起こしていく方法を学ぶ。あなたも使える手段や戦術を駆使して、自分の心に訴えかけるファッションムーブメントに参加していこうという気持ちになっていただけたら幸いだ。

第26章　その服はどこから?

オールド・ネイビーで売られるこの服は
どこから来たのかわかるだろうか?

——ティム・ガン

服づくりは地球上でもっとも多くの人が従事する職業の一つだ。あなたの着るシャツの縫製、ジャケットのボタンつけ、パンツの裾かがり、そういったものすべてが縫製労働者の手によって行われている。現在世界のさまざまな国々で働く衣料・繊維・製靴関連の労働者の数はおよそ六〇〇〇万から七五〇〇万人。[1] 海を隔てたはるかかなたの、言葉も文化も違う労働者の生活がどんなものか、私たちに知るすべはあるのだろうか?　そう、ではまずあなたのクローゼットにある服のラベルを見るところから始めよう。

あなたの服には生産地を示すラベルがついている。生産地はだいたい決まっていて、中国、バングラデシュ、ベトナム、インドネシア、インドなどが多い。私たちの服の大部分はそういったアジアの国々で作られているのだ。他にもメキシコ、ルーマニア、トルコといった衣料製造大国もある。そういう有名な衣料輸出国で服をつくる人たちがどんな暮らしをしているのか、次に少しまとめてみた。さらに詳しい情報が知りたい場合は、インターネットで調べてみてほしい。

中国

マットレスやお皿からテレビ、おもちゃに至るまで、「中国製」のラベルは私たちが買うありとあらゆる製品についている。衣料産業はもっとコストの安い国へと徐々に拠点を移しつつあるとはいえ、中国はまだまだ衣料製造大国であり、世界中の衣料の三分の一をつくりだしている。中国の衣料および繊維産業で働く人々の数は六〇〇〇万以上にのぼり、年間一四五〇億ドル〔約一四兆五〇〇〇億円〕相当の衣料と靴類を輸出する。[2] 労働者は権利行使を求めて熱心に活動を続けており、よりよい労働条件を求める抗議活動やストライキの結果、近年は賃金も上がってきた。アジア諸国の中では中国の衣料産業労働者の賃金はもっとも高く、都市部の待遇のよい工場では月六〇〇ドル〔約六万円〕近くの収入が得られるが、所によって金額は大きく変わる。[3] また労働者には正当に組合をつくる権利も認められていない。過去何十年にもわたってスウェットショップと安物衣料の温床として知られてきた中国だが、その製造環境は劇的に進化している。衣料・繊維産業の労働者の中には、生活賃金を手にすることができる人たちが（まだ全員とはとても言えないものの）少しずつ出てきた。[4] サステイナブルな技術革新やエシカルな製造工程が数を増しつつあり、アメリカのエバーレーンのようなコンシャス・ファッションのブランドの製造を請け負うところも増えている。アジア初の環境ファッションＮＧＯ、Redress Hong Kong（リドレスＨＫ）は、年に一度の Redress Design Award（リドレス・デザイン・アウォード）の授与や Frontline Fashion（フロントライン・ファッション）というドキュメンタリーシリーズの制作を通じて、サステイナブルなファッションをメインストリームへと押し上げようという努力を続けている。

バングラデシュ

世界第二位の衣料生産国であるバングラデシュでは、年間三〇〇億ドル〔約三兆円〕を稼ぎ出す産業に四〇〇万人以上の人が働く。[5] H&M、およびヴァンズ、ザ・ノース・フェイス、ティンバーランドといったブランドを傘下に抱えるVFコーポレーションがバングラデシュに工場を持つ二大企業だ。二〇一三年のラナ・プラザ崩落事故によって国際的に注目を浴びた後、工場における安全対策は大幅に改善された。だがバングラデシュの職場安全協定は、低賃金から労働者を救い出す力までは持っていない。バングラデシュの衣料労働者の賃金は世界でもっとも低いレベルにあり、二〇一九年現在で一ヶ月の基本最低賃金は九五ドル〔約一万四〇〇〇円〕。これは生活賃金の四分の一にも満たない。[6] 本書の執筆時点で、労働者たちは賃金の倍増を求めて抗議活動を続けているが、警察による暴力や抑圧にあっている。それでもバングラデシュからはエシカルでサステイナブルな取り組みが次々と生まれ始めた。バングラデシュ北西部の労働者が運営するフェアトレード協同組合Swallows（スワローズ）では、ピープルツリーのようなコンシャス・ブランドの服を製造している。またG-Star Raw（ジースター・ロゥ）のようないくつかの大きなブランドも、バングラデシュで増えつつある先進的で地球にやさしい工場を使って、一〇〇パーセント・サステイナブルなサプライチェーン（供給網）と公正な賃金の実現を目指している。[7]

インド

インドに深く根づく衣料・繊維産業では一六〇〇万人という驚くべき数の人々が働き（コットン産業と非公式な労働者を含めれば四五〇〇万になる）、四〇〇億ドル〔約四兆円〕相当の製品を輸出する。[8] インド人労働者の多くは時間外労働の強制や蔓延するセクシャルハラスメントに苦しみながら法的な保護は満足に受けられず、労働組合もほとんど存在しないに等しい。[9] 第18章の生地と繊維に関する章で述べたように、インドのコットン産業では児童労働や強制労働が珍しくない。地域によって賃金は大きく異なるが、Asia Floor Wage（アジア・フロア・ウェイジ〔アジア地域の労働者の賃金引き上げを推進する団体〕）の計算によると典型的な衣料労働者の月収は一三〇ドル〔約一万三〇〇〇円〕前後で、生活賃金の半分以下だ。[10] しかし変化は起こりつつある。二〇一七年にインドは国際労働機関の会議で児童労働を禁止する条約を批准し、大きな進歩を見せた。またインドは職人技や装飾テキスタイル、小規模コットン農業の長い伝統を持ち、フェアトレードや職人の手による工芸品、エシカル・ファッションを扱うビジネスも徐々に増えている。たとえばSudara（スーダラ）はメイド・イン・インディアのブランドだが、性的人身売買の犠牲者だった女性たちに職業訓練と仕事を与えているし、MetaWear RESET（メタウェア・リセット）は再生農業技術を使ってインドの少数部族のコットン農家を支援している。また繊維会社Pratibha Syntex（プラティバ・シンテックス）ではソーラー発電を使った廃棄物を出さない工場を運営し、オーガニックな農法をすすめる農場と提携することにより、サステイナブルな繊維製造に向けた基準を設定している。

ベトナム

ベトナムの衣料産業は急速な成長を遂げ、今では世界最大の衣料製造国の一つになった。衣料・繊維産業に携わる労働者数はおよそ三五〇万人、アパレル関連製品の輸出額は年間三六〇億ドル〔約三兆六〇〇〇万円〕に達する。[11] ベトナム製の衣料としてもっともよく見かけるのはアウトドアウェア、スポーツウェア、靴などで、ナイキでは四五万人以上の従業員を雇っている。[12] ベトナムの共産主義政府は独立した労働組合の活動を禁じているが、労働者の権利を守る非営利団体Fair Wear Foundation（フェアウェア財団）によると、長時間にわたるサービス残業が衣料産業においては常態化しているという。[13] 最低賃金は近年月一七一ドル〔約一万八七〇〇円〕まで上昇したが、依然として生活賃金の六〇パーセントにも満たない。[14] それでも進歩のきざしとして、二〇一八年にEUとベトナムの間に貿易協定が結ばれるのと同時に、労働者の権利や環境に対する規定が定められたし、求める声の多いサプライチェーンに対する倫理規定も設定されることになると思われる。また本書の執筆時点でSaitex（サイテックス）の工場では、サステイナブルな製造工程の最先端をいく試みとして、ソーラー電池を利用しLEED認証を受けた設備を使ってMadewell（メイドウェル）、Outerknown（アウターノウン）、ジースター、エバーレーン、アマゾンといったブランドのために服を製造している。[15]

カンボジア

七〇億ドル〔約七〇〇〇億円〕を稼ぎ出すカンボジアの衣料産業では、七〇万人を超える労働者が働く。[16] H&M、Gap、ナイキ、プーマといった有名ブランドがここで製品を作っている。他の多くの東南アジアの国々に比べて労働環境はよいほうだ。ここ五年間で最低賃金はほとんど三倍近くになり、活発に活動する労働運動も多く組織されている。しかし前進しているとはいえ、アジア・フロア・ウェイジの計算によると現在の最低賃金は月一八二ドル〔約一万八二〇〇円〕であり、生活賃金の半分にしかならない。[17] 本書の執筆時点で、衣料産業労働者のストライキに対する政府の弾圧は再び激しさを増している。

アメリカ

アメリカ内で購入される衣料のうち国内で生産されるのは三パーセント以下。一九九〇年には半分だったことを考えると恐ろしく急激に低下している。またメイド・イン・USAだからといって、その労働条件がエシカルであるとは限らない。現在も国内にとどまる衣料産業は大きく二つに分かれる。ニューヨークの名高いガーメント・センター地区には高い職人技を持つ労働者と高級ブランドが集まっているが、そこで働く人たちは五〇〇〇人ほどに減少した。[18] 服飾製造業の大部分は今やロサンジェルスに移り、そこでおよそ四万五〇〇〇人の不法移民の労働者がスウェットショップ状態の工場で働くことを強いられているのだ。二〇一六年に労働省が行った調査によると、ロサンジェルスで調べた工場のじつに八五パーセントで労働法違反が見つかったという。フォーエバー21、Fashion Nova（ファッションノヴァ）、Loss Dress for Less（ロスドレスフォーレス）、TJマックスといった有名ファッションブランドの服を作るそういった工場の労働者の賃金はわずか時給四ドル[19]〔約四〇〇円〕。ロサンジェルスに拠点を置く労働者の権利を守る団体ガーメント・ワーカー・センターでは、ロサンジェルスの衣料産業労働者の労働条件改善を目指す活動を展開しており、ロスドレスフォーレスに対し八〇万ドル〔約八〇〇〇万円〕分の未払い賃金を支払うよう要求している。

アメリカの衣料産業労働者は金額的には世界でもっとも高い賃金を得ていると言えるが、生活賃金にははるかに足りていない。ここで私たちが進むべき未来がもう一つ見えてくる。国内での新しいスウェットショップの撲滅だ。それに対して大きな力を持つのが、国内で衣類を生産するコンシャス・ブランドだと言える。アイリーン・フィッシャーは販売する衣類の二五パーセントをアメリカで製造しているが、企業の行動規範として生活賃金の支払いを定めている。[20] リフォーメーションでは製品の約四分の一をロサンジェルスの自社工場で製造しており、その従業員に対する生活賃金の支払い目標を二〇一九年に設定した。[21] ナッシュビル発のスローファッションブランド（スローファッションとは小規模な単位でつくられる上質で流行にとらわれない服のこと）として人気の高いエリザベス・スザンでは、テネシー州の最低賃金の二倍の額を従業員に支払っている。[22] コンシャス・ブランドはどこで製造しようと、エシカルな製造を発信していく拠点として大きな存在感を放っている。

イタリア

「メイド・イン・イタリー」はヨーロッパの誇る職人技と高い品質を意味する言葉だ。イタリアはファッションと繊維製品の一大発信地であり、アルマーニ、ドルチェ&ガッバーナ、プラダ、ヴァレンティノ、ヴェルサーチェなどイタリア発祥の有名高級ブランドは数かぎりない。この高級服産業はイタリアの国内総生産のおよそ五パーセントを占め、五〇万人近くの人が服飾産業に携わる。[23] しかし激しい世界的規模の競争が、ここでも過酷な状況を生み出している。二〇一八年にニューヨーク・タイムズ紙が行った調査によると、超高級ブランドのために衣類を作るイタリアの在宅労働者は数千人におよぶが、その賃金は時給に直すとわずか一ユーロ[24]〔約一二八円〕。さらにトスカーナのプラート地区では、量販店やファストファッションブランド向けの衣料を製造する数千の工場で、中国人移民が劣悪な条件のもとで働かされている。[25]

たとえ世界のどこであろうと、ファッションの製造は搾取的な状況で行われている場合もあれば、公正な環境で行われている場合もある。ここまで見てきて分かるとおり、衣料産業労働者の現状は、搾取され劣悪な環境を強いられているという点でどの国でも大した違いはない。どこへ行っても労働者は長時間労働を強いられたり、団結する権利を奪われたり、生活水準にはるかに及ばない低賃金で働かされたりしている。もちろんこういった搾取労働に苦しむ人たちがいるのは、アパレル産業に限ったことではない。後の章では、誰もが公正で人間らしい生活を営めるような社会にしていくために私たちにできることは何か、それを掘り下げていく。

第27章　生活賃金の今

あなたもこんな説を聞いたことがあるのではないだろうか――「スウェットショップは経済発展のためには目をつぶらざるを得ない必要悪だ、低い賃金だってないよりましだ」。歴史の本でも見かけるし、今でも著名な経済学者の中にこんなことをコラムに書く人はいる。欧米では何世代にもわたって、労働者の権利を否定するためにこのような説が唱えられてきた。しかし一九〇〇年代初頭、つまりほぼ一〇〇年前までには、アメリカ人の多くが「貧困は進歩のための必要悪だ」という考えを否定するようになっていた。「食べていくのに十分な賃金を得られなければ、誰も市民としての義務を果たすことはできない」と一九一〇年、セオドア・ルーズベルト大統領は述べている。ところが工場が発展途上国に移り始めると、この古臭い貧困必要悪説が棚の奥からひっぱり出され、「スウェットショップは必要悪説」と名前を変えてふたたび世の中にのさばり始めた。

　ファッション産業には大きな力がある。その力は人を貧困に閉じ込めるのではなく、貧困から救い出すのに使われるべきだ。業界全体で数兆ドル〔数百兆円〕規模のお金が動き、余りある富が産み出される。なのにオックスファムによれば、業界トップのCEOがその富をほぼ独占し、平均的な衣料産業労働者の生涯賃金に当たる額をたった四日で稼ぎ出す。[1] 生活賃金を手にしている労働者はほんのわずかしかいないのに、だ。このファッションが産み出す利益を、公正に分配すべき時が来ているのではないだろうか。誰もが生活賃金を得る権利があるはずなのだ。

生活賃金とは？

スウェットショップには不法な長時間労働と不当に低い賃金がつきものだ。それに対して、労働者が本来手にすべき生活賃金とは、家賃や食事・交通費・健康管理・子どもの教育・相応な貯蓄といった、家族を含めて暮らしていくのに必要な費用を十分にまかなえる賃金を指す。つまり生活賃金は最低賃金とほぼ同じものであり、国や地域ごとの生活にかかる費用をもとに計算される。

では生活賃金を労働者に支払うにはどれくらいのコストがかかるのか？　じつはそれほどでもないのだ。私たちが服に支払う金額のうち人件費が占める割合は非常に少なく、小売価格のわずか二パーセントに過ぎない。クイーンズランド大学のマレー・ロス・ホールおよびニューサウスウェールズ大学のトマス・ウィードマンが調べた結果によると、発展途上国の衣料産業労働者が現在もらっている賃金を生活賃金のレベルまで上げたとしても、上積みされる額は小売価格のほんの一〜四パーセントだという。[2]つまりTシャツ一枚あたりたったの二〇セント〔約二〇円〕上乗せするだけで、インドの衣料産業労働者に生活賃金を支払うことができるのだ。

幸いドミニカの衣料製造工場アルタ・グラシアという前例のおかげで、生活賃金の支払われている工場がどんな風に運営されているかを私たちは実際に見ることができる。アルタ・グラシアは二〇一〇年以来、労働者に生活賃金を支払っている工場で、アメリカの大学やプロスポーツ・チーム向けのフードつきトレーナーやスウェット、Tシャツを製造している。多くの有名チームが得意先に名を連ねており、ダラス・カウボーイズもその一つだ。アルタ・グラシアの従業員の給与はその地域の最低賃金の三倍にあたり、最低賃金の超過額は一月あたり四四二ドル〔約四万四二〇〇円〕にもなる。しかしその比較的高い賃金を支払うために上乗せされている額は、スウェット一着あたりわずか九〇セント〔約九〇円〕。服一着あたり一ドル〔約一〇〇円〕余分に払うだけで、アルタ・グラシアの従業員は尊厳のある生活を営むことができるのだ。

生活賃金を支払うのは誰？

では労働者の生活賃金や、そのための余分なコストを支払う責任は誰にあるのだろうか。従業員の給料を上げるのは、工場やその地域の自治体の仕事だろうという人もいるかもしれない。だがアパレル市場の大部分を支配しているのは、ほんの一握りの巨大企業だ。服の値段を決めるのは、生産国の工場や政府よりもはるかに大きな力を持つそういう大企業なのだ。「ブランドや小売チェーンが市場を支配し、賃金が上がれば他の国に工場を移す。したがって価格を決めるのは彼らなのだ」とジョージタウン大学の経営学教授であり"Sewing Hope: How One Factory Challenges the Apparel Industry's Sweatshops"の共著者でもあるジョン・クラインは説明する。[3] 低賃金の国どうしがより安い賃金を競いあう現状のため、時には政府が自国民を守るどころか、自国へブランドを呼びこむために賃金を上げさせないようにすることすらある。要は、生活賃金の支払いに責任を負うのはブランドと小売チェーンなのだ。ではその責任を果たさせるためにはどうすればいいのだろうか。

生活賃金を実現するための五つのステップ

『ファストファッション』の執筆中アルタ・グラシアの工場を訪れた私は、そこで衣料産業労働者の家に招かれ、適正な給料を支払われている人たちが実際どんな暮らしをしているか、自分の目で確かめる機会を得た。アルタ・グラシアのいちばんすごいのは、「実は何もすごいことはしていない」ところだ。ふつうに働きやすい職場、ただそれだけなのだ。従業員はスピーカーからかわるがわる自分の好きな音楽を流す。休みもたくさんあり、友人や子どもたちと過ごす時間を十分とれる。家族に十分な食事をさせることができ、電気やガス・水道設備の整った、ちゃんとした家に住むこともできる。基本的な医療サービスも受けられる。「アルタ・グラシアのいいところは、すべてがシンプルだということなんです」と語るのは、労働運動家であり"Sewing Hope"をクライン教授と共に書いたサラ・アドラー＝ミルスタイン。[4] ワーカー・ライツ・コンソーシアムで働く彼女は、数年にわたってアルタ・グラシアの労働権利の管理を行っていた。

アルタ・グラシアはビジネスとしても大成功を収めている。その製品は全米七〇〇以上の学校の売店で販売されているのだ。だがこれはほんの一つの成功例に過ぎない。アルタ・グラシアにはまだ工場を広げる余力はあるが（すぐ隣に空き工場もある）、ここでの成功が稀有な例外ではなく、世界的な標準となっていくことが重要なのだ。アルタ・グラシアで得た教訓を生かし、この成功を世界中の衣料産業に広げていく方法を次にまとめてみた。

1　地域ごとに生活賃金の額を確認する。 生活賃金は、その地域の食品・家賃・交通費・教育費といった生活に欠くことのできない費用にもとづいて計算される。さまざまな国に工場を持つ巨大ブランドや小売チェーンにとって、その全てを把握するのは簡単ではないだろうが、アジア・フロア・ウェイジ・アライアンスやGlobal Living Wage Coalition（グローバル・リビング・ウェイジ・コアリション）などの団体が行っている仕事や、生活賃金の計算を参考にすればさほど難しくはないはずだ。それを下敷きにして計算した生活賃金をまかなえる分の金額を服一枚ずつに上乗せし、ブランドが工場に支払えばいい。またブランドは、たとえ自らの利益を減らすことになっても、小売販売業者の労働者にも生活賃金を支払うことを考えていかねばならない。

2 **書面で契約を交わす。**アルタ・グラシアはワーカー・ライツ・コンソーシアム、工場の労働組合、工場を所有する親会社の間に結ばれた契約の上に成り立っている。三者の合意により結ばれたこの契約は法的拘束力を持ち、この工場の高い労働基準が不変であって、誰もが工場の順調な操業のために責任を等しく負うことを定めている。Fair Food Program（第28章で詳しく述べる）および「バングラデシュの火災予防と建物の安全に関する協定」も、このような法的拘束力を持った契約の例だ。

3 **労働組合やワーカーズ・コレクティブを組織する。**労働者の意見をもっとも正しく代弁できるのは労働者自身だ。どんな職場にも民主的に作られた労働者団体や組合が存在すべきであり、その団体が工場の経営者やブランドに対し労働条件や賃金を交渉していくのが理想だ。

4 **第三者機関の監査を受ける。**生活賃金が支払われているかどうかの確認は、ワーカー・ライツ・コンソーシアムなどの独立した監査機関によって行われなければならない。

5 **消費者に知らせる。**生活賃金のコストを私たち消費者に転嫁するかどうかは、ブランドや小売チェーンの姿勢次第だ。小売価格の利幅の構造を根本から変え、生活賃金のために増やされたはずの上乗せ金額は、ブランドの利幅を増やすのでなく必ず労働者にそのまま渡るようにしなければならない。自分たちの払ったお金がすべて労働者に渡ることが保証されれば、消費者の多くは喜んでその生活賃金のためのささやかな増額分を支払うだろう。ブランドは自社製品のラベルに「この製品はスウェットショップで作られたものではありません」「この製品を作った労働者には生活賃金が支払われています」と表示し、それを世界中に向けて堂々と発信していってもらいたい。

生活賃金運動は世界の主流へ

何十年にもわたって続いてきた生活賃金を求める声は今、さらに勢いを増しつつある。自分たちが生み出す莫大な価値と利益の正当な取り分を支払うよう求める動きが世界中の労働者たちの間に広がる中、アメリカの小売業やファストフードの労働者も声を上げ始めている。H&Mは二〇一七年までに衣料工場労働者に対する生活賃金の支払いを実現することを約束した。その期日が来ても状況にほとんど進歩は見られなかったが、それでもH&Mがその姿勢を明らかにしたことがきっかけとなって、他のブランドにも同じ姿勢を表明するところが現れ始め、ファッション行動主義者たちは生活賃金の達成のために企業に圧力をかけていくことを学んだ。ファッションレボリューションによると、現在までに三四の有名ブランドがサプライチェーンの労働者に生活賃金を支払うと公言している。[5] ほかにもクリーン・クローズ・キャンペーン、国際労働者の権利フォーラム、レイバー・ビハインド・ザ・レーベルなどの行動主義者団体が、ブランドに生活賃金支払いの約束を守らせようと監視を続けている。次の章では、実際に参加して世界を変えていくことができる団体や運動について紹介していく。

第28章　変化を起こす

変化を起こすためのチャンスはどこにでもある。すでにさまざまな組織や運動が力を得て人々を一つにつなぎ、ファッション産業をよい方向へと変えていこうとしている。アメリカのスウェットショップで服を作るファストファッションブランドに的を絞ったロサンジェルスの衣料産業労働者たちの活動や、ファッションレボリューションのＳＮＳを利用した#whomademyclothesキャンペーンなどが今話題を呼んでいる。本章では私たち自らが変化を起こしていく方法をまとめた。またあなたの活動家タイプ診断、ファッション産業で社会正義を求めて活動している運動や実際に参加できる団体のリスト、そして自分で運動を立ち上げるにはどうしたらいいかというヒントも合わせて記したのでぜひ参考にしていただきたい。

活動家タイプ診断

ミニマリスト、スタイリッシュ、トラッドという自分のファッションタイプについてはすでにかなりなじんできたことと思うが、活動家として自分がどんなタイプか考えたことはあるだろうか？　社会活動を支えるのは、じつにさまざまなタイプの人たちだ。クリエイティブで行動的で最前線に立って旗を振りたい人たちもいれば、裏方に徹して黙々と地味な仕事をこなす人たちもいる。あなたの強みとやる気を生かせる方法で、このファッションムーブメントに参加しよう。さてあなたはどんなファッション活動家タイプ？

・**コミュニケータータイプ**：コミュニケーターは社会問題とその解決策に関する情報を収集して発信する。ティーチインや討論会、読書会、ドキュメンタリー上映会などを企画してみよう。自分自身で講座やミニコミ誌の主催、ＳＮＳへの投稿、ユーチューブチャンネル、ポッドキャスト、イベント、ドキュメンタリー、本などの創作・企画を考えてみたり、博士論文や研究論文のテーマにとりあげてみるのもいい。

・**支持者タイプ**：支持者タイプの人たちは、政府や企業といった大きな組織を動かすような長期にわたる運動を通して変化をつくりだしていく。現在活動中の人権団体や環境団体・労働団体に参加してもいいし、自分自身で組織を始めてもいい。手紙を書いたり、資金集めやＳＮＳのキャンペーン活動を企画したり、政治的なキャンペーンを立ちあげてプロのファッションムーブメント・リーダーを選び、ファッションを議会での議題にとりあげるよう運動していくこともできる。

・**アーティストタイプ**：アーティストタイプの人たちは、その創作能力を使って変化を起こしていく。芸術作品そのものを手段として使ってもいいし、雑誌作りや演奏会、スローガンを書いたＴシャツやビデオの製作、クリエイティブな服のリフォームなど、まだまだ他にも考えつくことを何でも実行に移してみよう。ファッション・リメイク活動を媒体として、多くの人に刺激を与えながらファッションの問題について知ってもらうのも賢いやり方だ。

・**抗議者タイプ**：抗議者タイプの人たちは直接行動を起こすことによって世界の変革を目指し、ブランドや組織に公的な説明責任を負わせていく。だからといって怒ったり攻撃的になったりする必要はない。平和的なデモ行進やショップや企業本社前での座りこみなど、騒ぎを起こさない行動を企画することもできるし、ビラを渡したり店の責任者やＣＥＯに直接手紙を書いたりすることもできる。公共の場所で垂れ幕を下げたり、ポスターを貼ったり、ボイコットを企画したりするのもいい。非暴力による不服従の市民運動について、何世代にもわたって続いてきた歴史を調べてみるのも参考になる。

ファッション労働運動

ファッション社会運動に興味はあるけど、じゃあ実際どこから手をつけたらいいの？　大丈夫、すでに現在活発に活動して、必要なところに圧力をかけ、求める結果を引き出している運動がいくつもある。次にほんの数例だが知っておいてほしい活動をまとめた。私たち自身がファッション革命を起こしていくために、彼らのアイディアを参考にして、あなた自身の運動を創りだしていってもらえたらと思う。

・**ファッションレボリューションおよび透明性を求める運動。** ラナ・プラザ崩落事故が起きたとき、そこにあった工場で服を製造していたブランドも小売チェーンも、自社の製品がどんな状況で作られているのか知らなかったと主張した。[1] 透明性を求める運動とは、ブランドに自社の製造から販売に至るすべてを含めたサプライチェーンの把握と、その情報の一般公開を求めていく運動だ。ファッションレボリューションは透明性を求める運動の先頭に立ち、#whomademyclothes のハッシュタグ・キャンペーンを展開している。またファッション・トランスペアレンシー・インデックスという画期的な企業の格付けを発表し、世界中の有名ファッションブランド一五〇社を社会面および環境面の情報公開度によって評価している。この格付けの影響により、二〇一八年度のファッション・トランスペアレンシー・インデックスでは、評価を受けた一五〇社のうち三七パーセントが工場と仕入先のリストを公表するようになった。またSourcemap（ソースマップ）のようなテクノロジー企業のおかげで、ブランドが自社のサプライチェーンを把握することが比較的簡単にできるようになってきた。このような活動の結果、ファッション企業における透明性は今や例外ではなく常識になりつつある。

・**都市、学校、スポーツチームでのスウェットショップ不使用キャンペーン。**学校や自治体のような大規模な組織では、ユニフォームやロゴ入り衣料などを大量に消費する。最近の反スウェットショップ運動の成功例はまず大学のキャンパスで始まり、大きな組織をターゲットにして続いてきた。現在SweatFree Communities（スウェットフリー・コミュニティーズ）運動により、アメリカ国内で四五の都市、七つの州政府、一一八の学区がスウェットショップ不使用の方針を採用している。あなたの住む町や学校もその運動に参加したいと思ったら、国際労働者の権利フォーラムのSweatFree Communitiesのサイトを見てみよう（Sweat Free.org）。

・**新しい貿易協定の締結・よりよい政治家の選出。**ファッションをよりよい世界を実現するための力として利用していくには、政府の後押しが欠かせない。ブランドを規制し、気候変動対策の基準を設定し、貿易協定の規則を決めていくのは政府なのだ。国連もEUもワーキング・グループを設置し、ファッションが社会と環境におよぼす影響に関する対策を研究し設定していこうとしている。アメリカも当然この例にならうべきだ。現在国内では、二〇一二年に施行された「サプライチェーンの透明性に関するカリフォルニア州法」が、一〇〇万ドル〔約一億円〕以上の売り上げがある全企業に対し、自社のサプライチェーンにおいて人身売買・強制労働防止対策を行っているという証拠を示すよう求めている。イギリスでも同様の「現代奴隷法」が二〇一五年に制定された。これはめざましい進歩のあかしだ。

本書を通じて私は新しい法律や規制の案をいくつか紹介してきたが、ここでさらにもういくつかアイディアをあげておきたい。企業内に労働者や環境問題の専門家をもっと入れていこう。そしてそういう人たちの協力のもと、よりよい貿易協定の制定を求めて政府に働きかけていく。この協定はNAFTA（北米自由貿易協定）の親労働者・親組合版のようなもので、より労働者の立場に立って権利の遵守や最低賃金の支払いを実現し、強制労働やスウェットショップを使用する企業には罰則を与えることができるようにする。このような協定が成立すれば、海外の労働者が利益を得るだけでなく、国内の産業も海外の労働力と競合することができるようになる。またスウェットショップで製造された商品（生活賃金より低い賃金しか支払わずに製造した商品）の輸入を禁止し、工場や農場を含む自社のサプライチェーン全体で起きていることを説明する義務を与え、それをブランドに対し法的に負わせる法律を制定することもできる。あるいは社会や環境に害悪を与え続けている企業に対しては、設立認可を取り消すことも可能だ。

- **生活賃金支払い認定工場を増やす。**生活賃金支払い工場の指定認可制度をとりいれることも考えていくべきかもしれない。一〇年前ワーカー・ライツ・コンソーシアムは、ブランドが製品を作らせる工場に対し、生活賃金支払い工場のみを事前に認可して使えるようにすることを目指す運動を行っていた。このアイディアを復活させれば、スウェットショップを完全に追放し、消費者の求める「スウェットショップ不使用」のラベルをすべての服につけることが可能になるかもしれない。
- **トマト収穫労働者の成功例。**Coalition of Imokalee Workers（イモカリー労働者連合：CIW）はアメリカの農業労働者の権利のために戦う組織だ。CIWではその名高いFair Food Program（フェア・フード・プログラム）を通して、フロリダのトマト収穫労働者とトマト栽培農家取引所との間に法的拘束力のある合意を結ばせることに成功した。トマト栽培農家取引所はホールフーズ（アメリカの食品スーパー・チェーン）、バーガーキング、ウォルマートといった巨大企業にトマトを供給している。[2] この合意によると、小売業者はフェア・フード・トマトの購入時に一ポンド〔約四五〇グラム〕あたり一セント〔約一円〕を上乗せして支払うことにより、プログラムによって定められた労働環境規範の遵守を支援する。この合意により集められた金額は二〇一一年以来二六〇〇万ドル〔約二六億円〕にのぼり、すべて労働者とフェア・フード・プログラムに還元された。このキャンペーンについてもっと詳しい内容が知りたい場合は、FairFoodProgram.org を訪れてみてほしい。

・**インターネットを利用する。** ＳＮＳやインターネットは速くて自由で強力な媒体だ。ファッション革命の情報を世界中に向けて発信していくのに、まさにピッタリな方法といえる。小規模なデモであっても写真やビデオを投稿したり、オンラインで嘆願書の賛同者を募ったり、ただ単純な事実や自分の意見を述べるだけでも、インターネットで発信すればその効果は何倍にも増幅され、やがて変化を起こす活動へと波及していく。ハッシュタグを利用するのも非常に効果の高い方法だ。二〇一八年にツイッターで拡散した #burnberry というハッシュタグは、高級ブランドのバーバリーによる在庫製品の焼却廃棄を中止に追い込んだ。またＳＮＳのおかげで、私たちは以前とは比べものにならないほど簡単に、しかも直接ブランドに声を届けることができる。つまり気になっていることや聞きたいことがあれば、ちょっと空いた時間を使って、ブランドに向けてツイートしたりコメントを残したりすればいいのだ。気候変動、男女平等、生活賃金、多様性、さまざまな人材の受け入れ、どんなことでも直接聞けば企業には説明責任が生じる。#burnberry や #whomademyclothes といったハッシュタグ・キャンペーンの成功が示すように、インターネットによる行動主義は大勢の力が集まった時に効力を発揮する。力を合わせれば、私たちはもっと強くなれるのだ。

・**有名人にも説明責任を。** 自分自身のブランドを立ち上げている有名人はたくさんいる（自らをフェミニストと宣言するセレブも多い)。フェミニストを名乗るなら、自分の着るブランドの服を縫ったりデザインしたり販売したりする労働者にも目を配るのが当然ではないだろうか。私たちからセレブたちにも働きかけて、多様性の受け入れや労働者の権利のためにその絶大な影響力を使ってもらい、よりエシカルでサステイナブルなファッションブランドを目指すことを求めていこう。

ファッション行動主義団体

労働者の権利や環境問題への対処を求めてすでに長く活動している団体に参加してみるのもいい。行動主義の組織に加入したからといって、なにも全身全霊を傾けて活動に没頭する必要はない。オンラインの嘆願書に署名したり、SNSでキャンペーンの最新情報をシェアしたり、デモや活動の情報を発信したり、少額でいいので寄付をしたり、寄付集めを手伝ったりなど、自分のできる範囲で活動していけばいい。たとえば一〇〇〇人の読者が次にあげた団体の一つに一〇ドル〔約一〇〇〇円〕ずつ寄付したとしたら、ファッション革命のために一万ドル〔約一〇〇万円〕の寄付が集まることになる。活動範囲を広げていってもらいたいファッション行動主義団体を次にいくつかまとめてみた。

- **クリーン・クローズ・キャンペーン**：草の根起源の非政府組織であるクリーン・クローズ・キャンペーンは、世界中の衣料労働者の労働条件改善に力を尽くしている。現在はバングラデシュの最低賃金の増額に力を入れており、H&Mに対して生活賃金支払いの約束を守るよう要求し、「バングラデシュの火災予防と建物の安全に関する協定」の遵守を求めて闘っている。
- **ファッションレボリューション**：誰もが参加できる大規模な行動主義団体。イギリスに本部を持ち、一〇〇以上の国に支部を置いて精力的に活動を行っている。発行する雑誌や支援活動を通して人々を教育し、毎年四月にはラナ・プラザ崩落事故を追悼するファッションレボリューション・ウィークを開催する。また最近話題の #haulternative（買わない買い物）キャンペーンでは、大勢の人たちが買わずに（交換会やお下がり、リフォーム、アップサイクルなどで）手に入れた服のビデオをこのハッシュタグをつけてユーチューブに投稿している。ファッションレボリューションは、彼らの姿勢を表す「ファッションレボリューション宣言」を本書のためにこころよく提供してくれた。ファッション産業を変えていくための大きな指標となる意思表示だ。本章の最後に載せてあるので、ぜひ読んであなたも賛同者としてオンラインでサインしていただきたい。

- **ガーメント・ワーカー・センター**：ロサンジェルスに拠点を置く非営利団体。ロサンジェルス市内のスウェットショップで働く移民労働者の組織であり、賃上げの要求とロサンジェルスにおけるスウェットショップの撲滅をめざして活動している。二〇一六年以降は Ross Exploits〔ロスによる搾取〕キャンペーンに特に力を入れており、ロスドレスフォーレスの服を製造する工場における違法な低賃金を訴え、未払い賃金の回収を求めて闘っている。
- **グリーンピース**：グリーンピースは地球に影響を与えるさまざまな問題に関して改革を訴えていく世界規模の環境保護団体だ。二〇一一年以降、デトックス・キャンペーンを通してファッション産業の化学物質使用中止に取り組んでいる。
- **国際労働者の権利フォーラム**：ワシントンDCに本部を置く非営利組織で、世界中の労働者の労働条件と権利の改善をめざして活動している。SweatFree Communities キャンペーンに加えて、コットン産業における児童労働や強制労働の撲滅と、バングラデシュの労働者を「火災予防と建物の安全に関する協定」の遵守によって保護する活動にも力を入れている。

・レイバー・ビハインド・ザ・レーベル：イギリス発祥の反スウェットショップ組織。実際に衣料労働者とともに世界中の労働条件の改善に取り組む。本書の執筆時点で、衣料労働者に対する生活賃金の支払い、安全な職場の実現、製靴労働者の危険で有毒な労働環境の改善などに対するキャンペーンを行っている。

・反スウェットショップ学生同盟（USAS）：世界中の衣料産業における公正な労働をめざして学生が運営する組織で、全米で一五〇以上の大学が参加する。おもに大学向けの衣料を製造する工場での非人道的な労働条件に反対するデモを企画したりしている。これを読んでいるあなたが学生なら、自分の大学でUSASの支部を開設するところから始めてみてはどうだろうか。

ファッション革命の炎を燃やし続けるために

世界中のさまざまな国で、アパレル産業はもっとも多くの人を雇う業種だ。アメリカの小売店の多くは衣料品を扱う店であり、労働者の一〇人に一人が雇われている。衣料産業によって生計を立てる人たちはレジ係から小売店主、製品デザイナー、皮革労働者、パタンナー、ウールやコットン農場労働者にいたるまでじつに多岐にわたる。さらにはファッションの情報を世界に向けて発信していくブロガーやモデル、雑誌編集者、デザイナー、インフルエンサーまで含めると、関わる人間の数は膨大な広がりを見せる。こういった人たちの存在はみなファッションには欠かせないものであり、どの職種であってもその存在を代弁する声や、公正な賃金、健康で安全な労働環境を手にする資格がある。ここまで本書を読んできたあなたは、ファッション革命に参加してファッションの持つ果てしない力を最大限に生かす手助けをすることが自分にもできるかもしれないと、少しでも思っていただけただろうか。もちろん一人一人の消費者としての行動も大切だが、市民が力を一つに合わせて声を上げていくことが、世界を少しずつ、しかし大きく変えていくいちばん大きなカギとなるのだ。

ファッションレボリューション宣言

1

ファッションはそのデザインのアイディアが生まれる瞬間からキャットウォークで披露される瞬間にいたるまで、すべてが尊厳ある人たちの仕事によって作られる。どんな人もファッションを作るために奴隷にされたり、危険にさらされたり、搾取されたり、過剰労働を強いられたり、ハラスメントを受けたり、差別されたりすることがあってはならない。ファッションは作る人と着る人を共に解放し、すべての人に正当な権利を求めて立ち上がる力を与える。

2

ファッションは公正で平等な賃金の支払いを実現する。農場から販売店舗にいたるまで、ファッション産業のあらゆる職場で働くすべての人に人間らしい暮らしを与える。ファッションは人を貧困から救い、豊かな社会と明るい未来を約束する。

3

ファッションは人々に声を与える。恐れることなく意見を言い、抑圧されることなく団結し、職場や地域でのよりよい暮らしを求めて交渉する権利を保証する。

4

ファッションは文化と伝統を尊重する。伝統の技術や職人の技を守り、正当に評価し、相応の報酬を与える。また創造性も大切な財産として認める。ファッションは他人の作品を正当な評価なしに私物化したり、無断盗用したりしない。ファッションにとって職人の技は何にも代えがたいものである。

5

ファッションは団結と開放性と民主主義を重んじ、いかなる人種・階級・性別・年齢・容姿・能力の違いによっても差別しない。またファッションは多様性を成功に不可欠なものとして支持する。

6

ファッションは環境を守り、再生させる。貴重な資源を使い果たしたり、土壌を劣化させたり、空気や水を汚染したり、人間の健康に害を与えたりしない。ファッションはあらゆる生きものの健康な暮らしを守り、多様な生物の暮らす生態系を保護する。

7

ファッションは不必要に破壊や廃棄を行わず、資源を大切に再生したり再構成したりする。ファッションは修理され、再利用され、リサイクルやアップサイクルされる。私たちのワードローブやそして廃棄先となる埋め立て地が、衝動買いで購入されたが愛されることなく捨てられる服で埋め尽くされるようなことがあってはならない。

8

ファッションには透明性と説明責任が伴う。ファッションはすべてを明確に表示し、複雑さを隠れみのにしたり取引上の秘密を理由にしたりして他者の利益を奪うようなことをしない。世界のどこに暮らすどんな人も、自分の着ている服がどこで誰によってどんな風にどのような状況で作られているのか知ることができる。

9

ファッションの成功は販売数や利益だけによって測られるのではない。それと同等の価値を経済的な成長、幸福な生活、環境の持続可能性に置いている。

10

ファッションは表現し、喜びを感じ、考え、抗議し、安らぎを与え、同情し、分かち合う。人を従属させ、侮辱し、おとしめ、無視し、傷つけることは決してしない。ファッションとは生命を讃えるものだ。

この宣言にサインする

#FashionRevolution の呼びかけに応えてください。ともに立ち上がって私たちの夢を実現しましょう！

www.fashionrevolution.org/manifesto

おわりに

新しい世代の女性たちが革命に向かって歩き出している。
彼女たちがその身にまとうのは、
新しい物語を紡ぎだす服だ。
――ナオミ・クライン

前著『ファストファッション』を書き終えたのは、もう八年ほど前になる〔原書の刊行は二〇一二年〕。クローゼットの大そうじをし、不要な服をリサイクルに出した私は思った。さてこれからどうしよう？　どこで服を買おう？　何を着よう？　ファストファッションを否定する私の意見を、世間はどう思うんだろう？　結果、服に対する新しくてしかも中身のある私の考え方に賛同してくれる人たちが、じつはたくさんいることがわかった。ほどなく私の人生は少しずつ、しかしあらゆるものを巻きこみながらいい方へと変わり始めた。あなたの人生もきっとそんなふうに変わっていくはずだ。この本を手にとった時に、その変化はもう始まっている。

整ったクローゼットを作りあげるのは本当に楽しくてしかも満足感を得られる経験だと、チャレンジした人は誰もが思う。自分の着る服にきちんとした意識を向けることにより、世界中のこれまで知らなかった人たち・考え・場所とつながりを持ち、尽きることのない情熱と知恵の泉が自分の中に湧きでるのを感じることができる。それはただ漫然と服を着ていただけでは得ることのできない感覚だ。

八年前、自分が裁縫をするようになる（しかも大好きになる）なんて思いもよらなかったし、アンゴラとアルパカとアクリルの違いを知るのが楽しいと思えるようになるなんて想像もつかなかった。服について知るのは楽しい。そして自分の着ているものがどこで誰によってどんなふうに作られているか、それを作っている人たちがどんな暮らしをしているのか、その真実を知ることで私たちはもっと幸せな気分になれる。

さらに真実を知ることは世界を変えていく。もちろん完璧にエシカルでサステイナブルなクローゼットなどありえない。私たちが暮らすこの世界はあまりに複雑で多面的だ。しかし、たとえつねに完璧な選択ができるわけではないとしても、なるべく住民や環境にきちんと配慮している場所で作られた服を選ぶという姿勢を持つことは大切だし、大きな意味を持つ。人間が考え出した活動の中で、ファッションほど必要不可欠かつ大きな影響力を持つものは他にないし、未来に向けてプラスの力を発揮できるものも他にない。買う量を減らし、利益を分かちあい、サステイナブルな選択をし、ともに行動することで、私たちは確実に世界を変えていける。データを集め調査を行った上で私がたどりついた結論はそれだ。私たちひとりひとりの意識が積み重なって、世界を揺るがす影響を与えていくのだ。

地球と人にやさしいファッションは、それを選ぶことによって幸せな気分を与えてくれるだけでなく、デザインもすばらしいものが多い。『ファストファッション』を読んだ人ならおわかりだろうが、かつての私はファストファッションの哀れな犠牲者だった。流行を追いかけては衝動買いを繰り返し、その結果自分本来のファッションスタイルからどんどん遠ざかっていく一方だった。だが正しい意識を持ってファッションに接するようにすれば、服の着方に迷いがなくなり、見た目もステキになり、さらに服を着ることによって幸せを感じられるようになる。今の私は質の高い、世界にたったひとつの最高のクローゼットを手に入れた。自分のファッションスタイルに対して、人に影響されないしっかりとした考えを持っている。もちろん多少の努力は必要だった。修繕の方法を学んだり、ブランドやデザイナーのことを調べたり、お金を節約する方法を探したりした。だがそうして努力してファッションに意識を向けたからこそ、今胸を張って言うことができる。「私は自分の服を心から愛している」と。

あなた自身の整ったクローゼットを作りあげる旅のことを、ぜひ聞かせてほしい。自分のパーソナルスタイルを知るところから始まって、自分の倫理観や価値観に合った世界で一つのすばらしいワードローブをつくりあげ、さらに変化をめざす世界的な運動に参加していくというこの旅からあなたが得るものは、きっと計り知れない大きな意味を持つと思う。成功例も失敗例も含めて、あなたが経験したさまざまな変化を友人どうしで、また私とシェアしてほしい。さらに情報をまとめたので〔春秋社サイトにて掲載。凡例頁のURL参照〕、地球と人にやさしいファッションの世界についてもっと勉強を続けたい、もっと多くの仲間や組織とつながりたいと思う人は参考にしていただきたい。

一見小さなことに思える行動が、じつはとてつもなく大きな意味を持っている。しかし権力の基盤を揺るがすためには、私たちの小さな声を一つに合わせていかなければならない。エシカルでサステイナブルなファッションが世界の標準になっていくよう、私たちみんなが力を合わせて訴えていくことが大切だ。他にも多くの社会問題はあるが、気候変動と不平等は今まさに待ったなしの危機的状況にある。そしてこういった問題を解決していこうという私たちの思いはこれまでになく高まっている。私の知る人たちのほとんど全員が、この地球をよりよい場所にしていくためにはどうすればいいのか、何をしていけばいいのか、考えようとしている。自分の生き方・ものの見方を見つめ直す時が来た。そしてそのあらゆる変化の中心にあるもの、それは私たちの着る服なのだ。

【著者】
エリザベス・L・クライン（Elizabeth L. Cline）
ジャーナリスト、講演者。前著に『ファストファッション――クローゼットの中の憂鬱』（春秋社）がある。ロサンジェルス・タイムズ紙、『アトランティック』、『ネイション』、『ニューヨーカー』など数多くの雑誌に寄稿。ファッション産業の廃棄物に詳しく、衣類リセール会社を経営し、ニューヨーク最大級の古着回収業者ウェアラブルコレクションズで調査・リユース担当重役も務める。ブルックリンの自宅にパートナーのジョゼフ・D・ロウランド（ロックバンド、ポールベアラーのメンバー）、猫のリリーと暮らす。

【訳者】
加藤輝美（かとう・てるみ）
英語翻訳者。愛知県立大学文学部英文学科卒。自動車関連の実務翻訳、洋楽雑誌の記事翻訳を経て、トライデント外国語・ホテル・ブライダル専門学校非常勤講師。

Illustrations by Alexis Seabrook.
Rana Plaza photo by Sk Hasan Ali / Shutterstock.com.
All other photos courtesy of the author.

シンプルなクローゼットが地球を救う――ファッション革命実践ガイド

2020年 6月20日　初版第1刷発行

著　者＝エリザベス・L・クライン
訳　者＝加藤輝美（翻訳協力＝株式会社　リベル）
発行者＝神田　明
発行所＝株式会社　春秋社
〒101-0021　東京都千代田区外神田2-18-6
電話（03）3255-9611（営業）・（03）3255-9614（編集）
振替　00180-6-24861
https://www.shunjusha.co.jp/
印刷・製本＝萩原印刷　株式会社
装　丁＝野津明子

ISBN 978-4-393-33376-1　C0036
定価はカバー等に表示してあります。